主要作者及丛书简介

雅克·马丁：法国著名漫画大师，1921年生于法国斯特拉斯堡，早年便在漫画方面表现出过人的天赋，与著名漫画家埃尔热和雅各布并称为"布鲁塞尔学派"的三个代表人物。1948年，马丁创造出阿历克斯这个生活在恺撒时代的罗马青年形象，并在《丁丁》杂志上开始连载他的故事。凭借着广博的历史和文学知识、娴熟的绘画技巧以及对古代建筑精细准确的再现，马丁创立了一个以严谨考证为基础的历史漫画创作流派。1953年，马丁与埃尔热工作室合作，参与了几部丁丁漫画的创作。1984年，马丁获得法国艺术文学骑士勋章。1988年，卡斯特曼出版公司大规模出版"阿历克斯历险记"丛书，以庆祝马丁创作这套系列漫画40周年。马丁一生共创作漫画120多部，累计销量超过1000万册。2010年1月21日，马丁在瑞士逝世，他的助手们目前在继续他的系列漫画的创作。

"时光传奇"丛书："阿历克斯历险记"系列漫画是雅克·马丁一生中最重要、最畅销的作品，也是世界漫画史上的经典作品之一。"时光传奇"丛书的重要组成部分即为"阿历克斯历险记图解历史百科"丛书的中文版。在本书中，阿历克斯和他的伙伴将穿越时空，带领读者领略各大古文明的兴衰。

特别感谢马克·埃尼科对本分册的大力帮助。

时光传奇
Khronos Cross

法国漫画大师雅克·马丁作品

庞贝

［法］雅克·马丁 著

尹明明 王鸣凤 译

北 京 出 版 集 团
北 京 出 版 社

目　录

年　表

前6世纪之前： 庞贝此时还是一座隐没在曲折小路中的奥斯克小村庄。

前6世纪： 庞贝成为希腊殖民地，在此期间希腊人引入祭祀传统并修建了阿波罗神庙，庞贝也成为希腊人选定的根据地，借以管控富饶的内陆地区。

前6—前5世纪： 伊特鲁里亚人占领时期。

前525—前474年： 希腊人和伊特鲁里亚人之间爆发战争。希腊人取得胜利后在庞贝重建了神庙，建设了形状规整的街区并修筑城墙。

前424年： 闪米特人攻城略地，庞贝居民重新说起了奥斯克语。

前341年： 庞贝与罗马结盟，进入和平时期。

前218—前201年： 汉尼拔将军率象军攻打罗马（第二次布匿战争），此时庞贝依然忠于罗马。

前5—前1世纪： 闪米特人不断地加固庞贝的城墙，这实际上是不利于城市扩张的。

前90—前80年： 闪米特人聚居的一些城市联合起来反抗罗马，而这次，庞贝加入了反抗的阵营。在一场漫长的战争后，苏拉将军带领的罗马军占领了庞贝，自此，庞贝成了"科洛尼亚·科尔内利亚·维内利亚·庞贝亚诺鲁姆殖民地"。

庞贝古城遗址主要建筑布局图

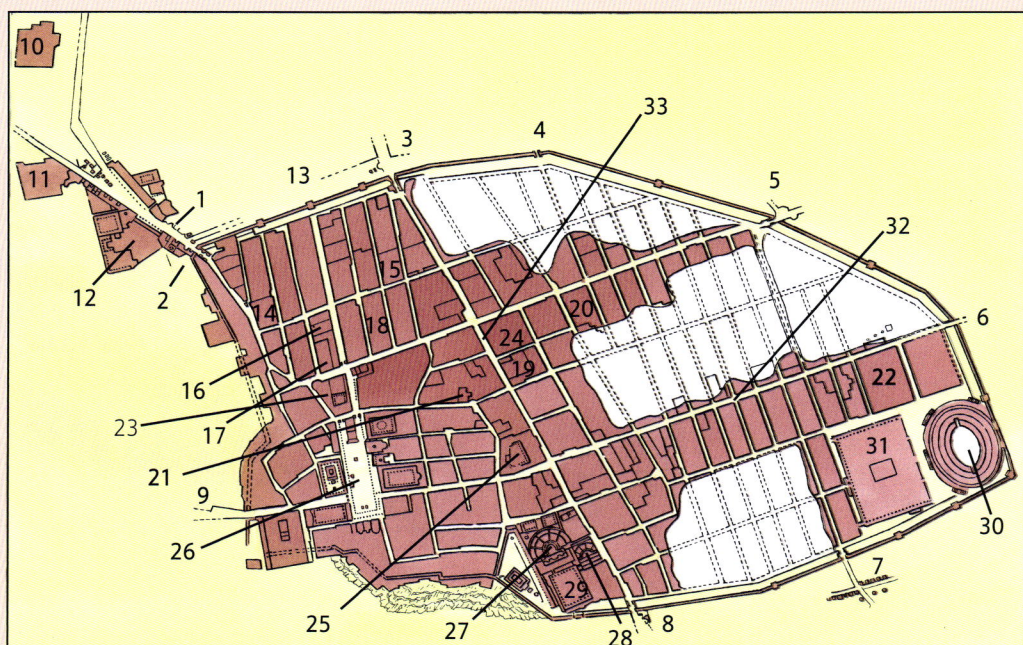

1. 墓地大街
2. 赫库兰尼姆门
3. 维苏威门
4. 卡普阿门
5. 诺莱门
6. 萨尔诺门
7. 诺切拉门
8. 斯塔比亚门
9. 滨海门
10. 神秘别墅
11. 迪奥梅德别墅
12. 西塞罗别墅
13. 墨丘利塔
14. 撒路斯提乌斯之家
15. 维提之家
16. 大喷泉之家
17. 悲剧诗人之家
18. 农牧神之家
19. 马尔科·卢克雷秋斯之家
20. 百年纪念宅邸
21. 妓院
22. 朱利亚·费利克斯之家
23. 市苑浴场
24. 中央浴场
25. 斯塔比亚浴场
26. 公民广场
27. 大剧院
28. 音乐堂
29. 角斗士营房
30. 圆形竞技场
31. 体育场
32. 丰足大街
33. 斯塔比亚大街

62年： 地震发生。庞贝大部分的城市建筑，无论公有私有，都受到了破坏。

70年： 庞贝发生了多场地震。

79年： 维苏威火山爆发。滚烫的山石暴风骤雨般地砸向庞贝。有些居民躲在房间深处，寄希望于这场火山爆发能很快结束，其他的人则逃向大海。灾难淹没了这座城市，使它被遗忘，也使它变得格外传奇。

注：书中地图系原文插附地图。

前 言

除了一些编年史作者和画家，大部分人并不知道，意大利的艺术家曾经对亚平宁半岛上庄严恢宏、触目即是的罗马遗迹并不感兴趣。比如，我们从未见过拉斐尔或米开朗琪罗在自己的作品中表现过这些古老遗迹，直到皮拉内西出现，我们才看到了一位创造者绘制出了公民广场的残垣断壁，而在一个世纪之前，这里教堂的主要建造者们才刚刚对这处遗址进行了比汪达尔人还残暴的破坏。

诚然，这些建造者让城市焕然一新，但是，如果当时他们不把古城遗址当作便利的"采石场"，如果当时有更吸引他们的其他方法，这些记载辉煌历史的遗迹或许会幸免于难。幸而在18世纪，出现了一批对罗马遗迹有独特情结的艺术家，人们才在意大利全境停止了对罗马遗迹的摧残与破坏。

令人惋惜的是，到那时，除了那座隐没在维苏威火山脚下的庞贝，罗马遗迹已经所剩无几。最初，庞贝遗址挖掘工作进展缓慢，直到19世纪，为了赢得国际声誉，这项工作才开始变得更为有序。研究人员和考古学者很快发现，火山灰掩埋并保护了罗马文明的珍贵宝藏，其中有公民广场、剧院、神庙、大街和角斗士营房，更有让人叹服的壁画和废墟中成千上万的精美物品。然而，最令人震撼的还是挖掘出的庞贝市民的骸骨与遗体，它们反映了这场灾难的可怕。

灾难发生时，城中部分居民寄希望于退到附近的地中海边逃生，可惜这场天灾没有放过他们，顷刻间火舌就将他们吞噬了，同时由于风力作用，海水退潮，大量的鱼类被烤焦，庞贝市民也是一样。更糟糕的是，乘船而来的救援人员被暴风雨阻挡，无法靠岸。无法转圜的劫难、彻头彻尾的悲剧……寥寥无几的幸存者中，无论平民还是当权者都认为这是一块被诅咒之地，人们对再次受灾的畏惧使他们并未对此地进行任何的挖掘和研究，庞贝自此如死亡了一般，成为一座被火山灰包围、毁灭的城市……随着时间推移，坎帕尼亚大区的葡萄种植者开始在维苏威火山的山坡上种植葡萄，在种植过程中，他们逐渐鼓起勇气，态度由最初的谨慎小心变为果断坚决。

几个世纪过去了，维苏威火山周边地区的肥沃土地上出产了品质极佳的红酒（基督之泪葡萄酒），该地的红酒业大获成功。我们能够想象18世纪的学者在此取得土地、转移安置农民的过程多么艰辛。自此这座残破衰败但根基尚存的古城慢慢重见天日，与埃及的卡纳克神庙、柬埔寨的吴哥窟一样，成为世界上巨型的户外博物馆之一。今天，唯一的问题就是如何保护好这珍贵的文物群。希望有朝一日，全世界能共同致力于维护这些曾被公众破坏的遗址，保护这些人类历史的伟大遗产。

雅克·马丁

伊苏斯战役中的亚历山大大帝镶嵌画（出土自农牧神之家）

起源、毁灭与重生

前9世纪，亚平宁半岛本土的奥斯克部落被青翠富饶的维苏威火山吸引，在这片史前的熔岩流土地上安家立业。随着坎帕尼亚地区人民特别是伊特鲁里亚人在附近定居，这座原始的小村庄在前600年发展成为小型城市中心。生活在这里的人们主要进行本地的商贸活动，特别是农产品贸易。

虽然在这个时期，庞贝这座讲土语的奥斯克小城接受罗马的统治，但它已经开始受到附近以库迈为代表的希腊殖民地影响。该城地处萨尔诺河河口，毗邻地中海，希腊人看重其优异的条件而在此定居。

然而此时，庞贝对于希腊人来说，只不过是地中海贸易之路上的众多中转站之一，因此希腊人在此时并没有大兴土木。即便如此，希腊人依旧将他们的宗教信仰引入了这里，但在他们抵达庞贝的初期，只建造了一座小型的多利安柱式神殿，与三角广场上的祭坛的建筑形式相同。此外，在同一时期，也就是在前525—前474年，伊特鲁里亚人为了排挤希腊人，开始与其发生冲突。

到前474年时，希腊人取得了这座小城的统治权，并为其修筑了城墙、增建了神庙广场。由于新道路的修建，城市入口变得更加宽广。

然而，希腊人的统治仅仅持续了半个世纪。前424年，一个来自阿布鲁佐和卡拉布里亚的意大利民族——萨莫奈人拥入了庞贝。

受该民族的影响，庞贝经历了一段大繁荣时期，这依旧是得益于农业活动。由希腊人初创的城市文明也得到了发展——不同的居民区确立，同时城市的边界在此时得到确定，随后没有发生实质上的改变。新的街区——建立，道路变得更多也更宽阔笔直。这个时期，萨莫奈人还修建了剧院和音乐堂，为三角广场修建了一座带有入口的柱廊作为装饰，并修复了多利安柱式神殿。为了抵抗罗马人，萨莫奈人加固了希腊人修筑的城墙，让城墙变得名副其实，这些城墙一直保存到了今天。这座防御工事由两层方形石块垒起的护墙组成，间距6米，并在建造的最后阶段加入了数座四边形的3层防御塔。8座城门——滨海门、诺莱门、赫库兰尼姆门、斯塔比亚门、卡普阿门、诺切拉门、维苏威门和萨尔诺门镇守着城市的各主要出入口。

在罗马人统治期间，这些城墙与城门在繁荣的罗马和平年代不再担负特殊的防御职能。人们把防御工事上的石块移去建造周边的别墅，有些别墅甚至直接将城墙吞并。62年，这些防御工事被一场地震破坏，人们不但没有进行任何修复，还将掉落的石块用来整修住宅。

前89年，庞贝卷入了抗击罗马的战争之中，被罗马共和国将军苏拉包围并占领。庞贝墙上保存着被石弹攻击过的痕迹，有的痕迹上刻有这位罗马将军的名字。前80年，庞贝变为"科洛尼亚·科尔内利亚·维内利亚·庞贝亚诺鲁姆殖民地"。罗马统治时期，庞贝城内的神庙和一些公共建筑得到了美化，并新建了欧

透过树木看围绕着圆形竞技场的维苏威火山，葡萄园以外的绿地还没有被挖掘。古城超过三分之一的部分依旧被厚厚的火山灰埋没，等待着后来的考古者去研究

赫库兰尼姆门

玛齐娅楼、圆形竞技场和旁边的大型体育场。这座坎帕尼亚地区的小城成为深受罗马富人与民众喜爱的逍遥胜地，成了他们心中无与伦比的宁静美好的海滨之城。这座城市的工业与贸易逐渐繁荣起来，对外联系更加紧密，其贸易对象不仅仅有其他地中海城市，还包括埃及的城市（如亚历山大里亚）、东方乃至亚洲国家的城市。庞贝产的瓦片在达尔马提亚地区被广泛使用。自前1世纪开始，维苏威地区产的葡萄酒销往高卢。庞贝的进出口港成为多种文化的聚集地，奥斯克人、萨莫奈人、希腊人、伊特鲁里亚人、非洲人和东方人齐聚庞贝，共同见证罗马的富庶与精致。

　　79年，庞贝还没有完全从62年的那场著名地震的创伤中恢复过来，又一场大灾难从天而降，彻底打破了这座城市的宁静：这一年的8月24日，闻名于世的维苏威火山大爆发，高达4米的火山岩和火山灰将城市埋葬并使其湮没于历史的长河之中，最终将这座城市从地图上抹去。几个世纪之后，它被称为"古城"，那些露在地表的石头甚至被附近的农民取用。人们对庞贝遗址的尊重则是一种相对现代的情怀，对过去这段历史的热爱直到18世纪才真正出现。第一处庞贝和赫库兰尼姆的遗址直到1748年才出土，那时，"发掘"还是"掠夺"和"混乱"的代名词。实际上，当时的"发掘工程"是为了收集被埋葬的黄金等珍贵物品，一旦一座住宅被"清空"，人们马上就转战下一处。

79年8月24日维苏威火山爆发中遇难居民遗体的石膏模型。这些逃亡失败的居民的遗体在火山灰硬化形成的洞穴中被发现，并用石膏填充。我们甚至可以观察到死者脸上的表情和衣物上的褶皱

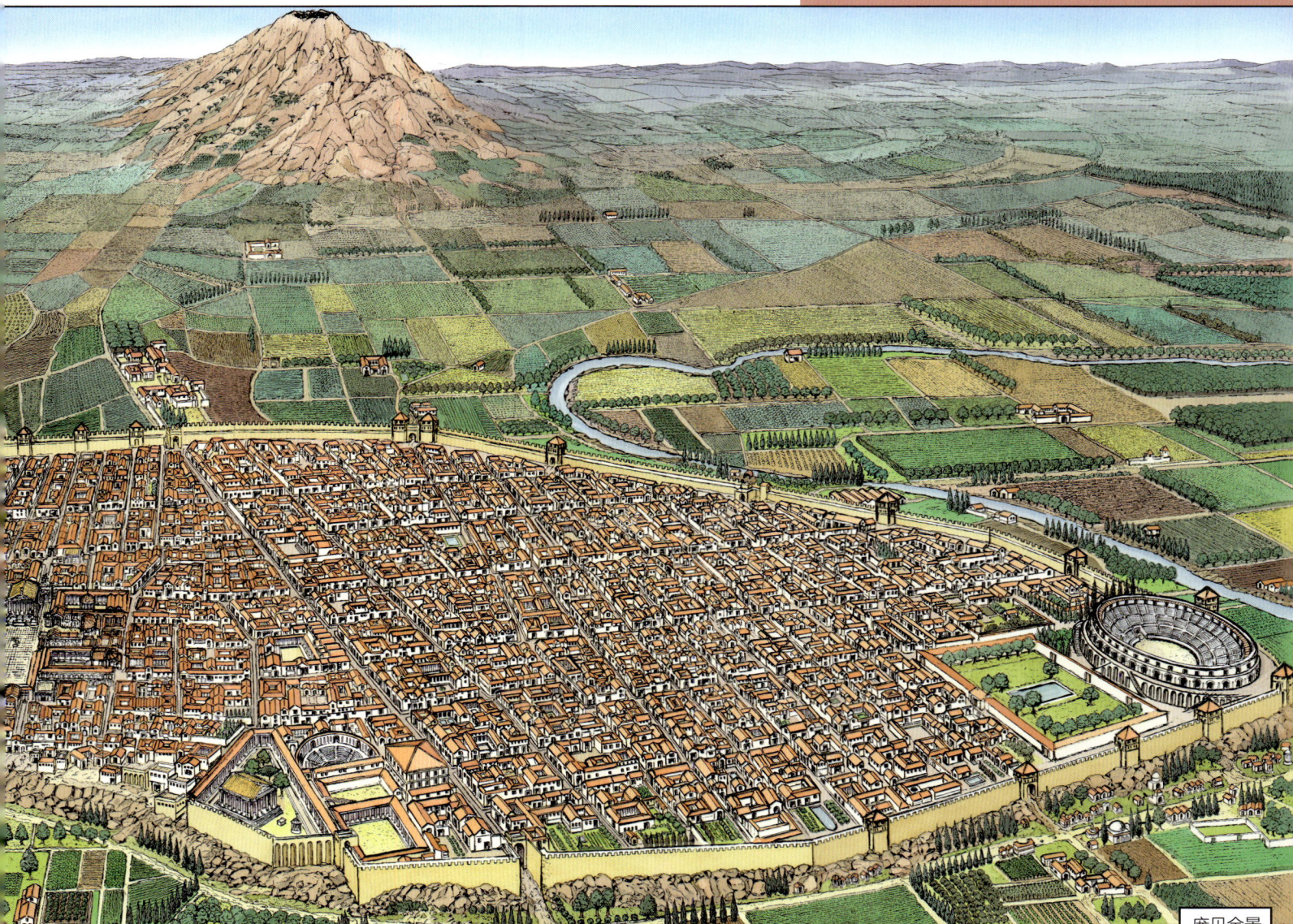

庞贝全景

遗址发掘出的大批镶嵌画和壁画被掠走，至于那些坎帕尼亚式的家具则出现在了欧洲贵族的家中。当时唯一敢于提出反对意见的人是教皇，但他联合的对象是备受尊重的"古文物学家"（当时对第一批考古学家的称谓）约翰·约阿希姆·温克尔曼。后者在一封信件中向我们讲述了一件逸事，反映出当时在坎帕尼亚地区，特别是在庞贝遗址发掘工作中的无政府状态："人们发现了一处铜字母公共铭文，并将这些铭文不分皂白地匆忙装进篮子，以便献给西班牙的查理三世，也就是西西里国王。当国王命令人们修复铭文时，人们却无能为力，因为竟然没有人事先

留下完整的副本。"温克尔曼的文字在欧洲唤起了人们对历史的兴趣，然而他的评论却惹恼了那不勒斯王室——野蛮发掘的主张者。温克尔曼说，发掘工作的领导者德·阿尔库比雷对古代文化简直一无所知。1763年，另一处石头铭文揭示了这座古城真正的名字——庞贝（Pompeia）。而温克尔曼在1768年死于谋杀。1861年，意大利王国宣告成立，随后的几十年里，人们终于对庞贝进行了组织有序的挖掘，500多名工人在废墟上不停工作。朱塞佩·菲奥勒利运用其编号和岛状房屋群体系绘制出了第一幅较为准确的庞贝地图，并沿用至今。

从靠近诺切拉门的城墙一角看庞贝，远处是维苏威火山。这座火山仍有可能爆发，再次威胁到那不勒斯湾的居民

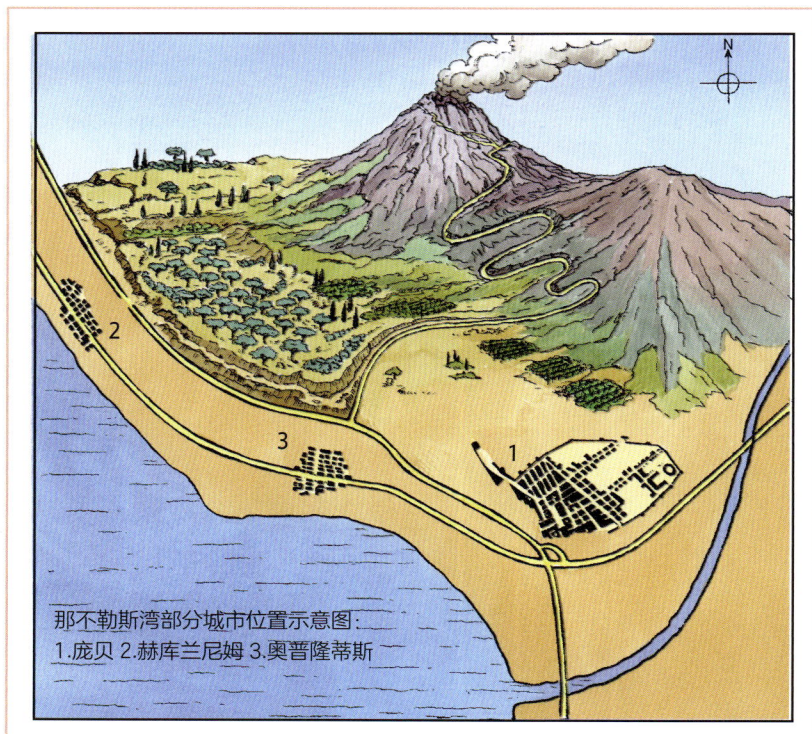

那不勒斯湾部分城市位置示意图：
1.庞贝 2.赫库兰尼姆 3.奥普隆蒂斯

诺切拉门

名为墨丘利塔的第11号塔

公民广场及周边

作为城市名副其实的政治中心和商贸中心，公民广场是一座长方形的大型广场，三面被当时不同风格的柱廊所环绕。与城市的其他地方不同，广场地面铺有优质的方形石板。商人通常在柱廊下摆摊交易。

广场四周被许多大型建筑围绕着。朱庇特神庙坐落于广场北部深处，供奉着诸神与人类的最高统治者。神庙两侧是两座凯旋门，向人们不知其姓名的皇室成员们表达崇敬之情。前2世纪，为了迎接朱庇特、朱诺和密涅瓦的三位一体雕像，人们对神庙的顶部进行了改造。

依照意大利建筑风格，朱庇特神庙被修建在一座很高的台基上，台基内部设有暗室，可用来储藏珍宝和还愿物，台基前方是通往祭坛的台阶。祭坛包含一间由科林斯式石柱组成的很深的门厅，祭坛被掩护在石柱之内。在正对着朱庇特神庙的公民广场另一侧则坐落着一些公共行政机关——市政官和执政者的办公室，夹在两者之间的是元老院会场，市政议会在此召开。这些建筑附近还有一座集会堂，入口分别朝向广场和街道，市民们在这里参与选举活动。

从南部看公民广场的柱廊。这些双层的柱廊从3个方向围绕着庞贝大广场，而广场北面被朱庇特神庙封闭

阿波罗神庙

维纳斯神庙，火山爆发时还在修建中

西边则是阿波罗神庙，这座神庙显然是在萨莫奈时期修建的，甚至可能更早，因为这个小型的宗教场所竟然在前6世纪便坐落于此了。显然，这是由希腊人引入的信仰。神庙在罗马统治时期被改建，三面被高墙与石柱交错的柱廊围绕，墙与柱廊的高度超过了多利安柱式檐壁，檐壁内部的三角槽排档和间饰也显示出了这份信仰起源于希腊。

奥古斯都在位时期（前27—前14年），执政官M.奥尔科努斯·鲁弗斯和C.埃格那提乌斯·波斯杜穆斯发现周围的一些房子比神庙的围墙更高，他们认为人们可以从自家窗户看到神庙非常不合适，因此加高了神庙西侧的墙壁，直至与周围住宅屋顶平齐，这样就剥夺了房主观看宗教场所的权利。在1817年对庞贝进行发掘的时候，由于柱廊上的一些尼罗河主题的图画，人们还没有马上意识到这是一座神庙，而是将其命名为"矮人之家"。最终，祭坛地面上一块刻有"祭献给阿波罗"字样的石块向人们揭示了该建筑的真实用途。与朱庇特神庙一样，阿波罗神庙也矗立于一座台基之上，前方的台阶通向供奉神明雕像的祭坛。由于屋大维在前31年击败安东尼和克莱奥帕特拉七世，保住了亚克星角，当时的人民甚至可能在对阿波罗的信仰中加入了对屋大维的崇拜。在阿波罗神庙旁边有一座长方形廊柱大厅。它兴建于前2世纪，墙上的一处粗糙雕刻显示，它在前78年才最终成形。大厅与广场一道，构成了当时庞贝最有生气的地带。

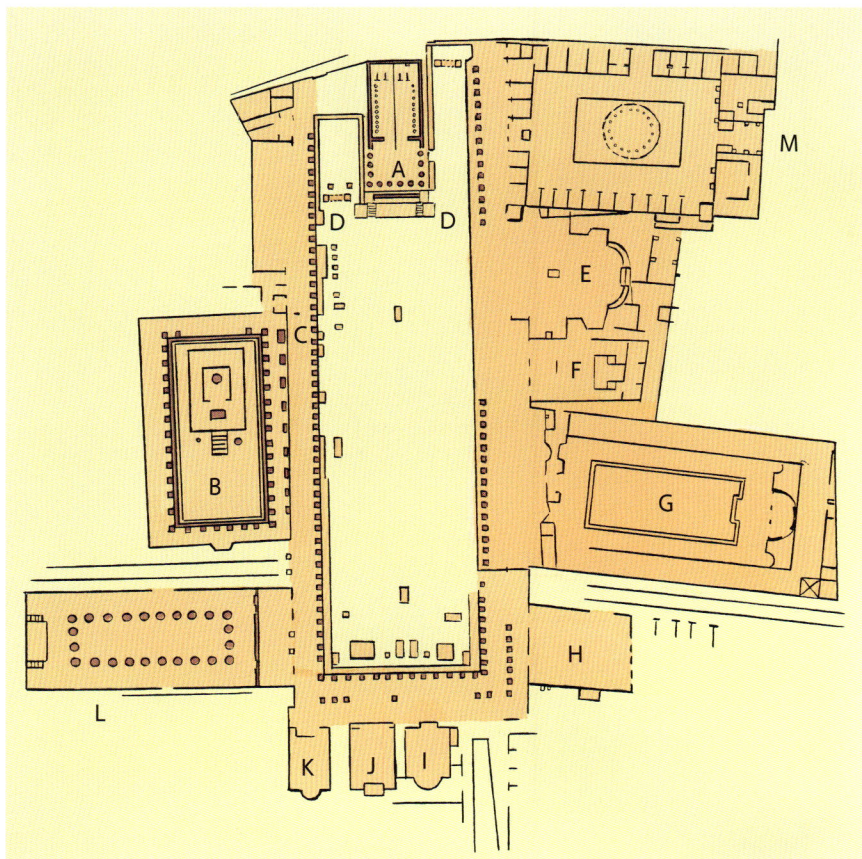

公民广场建筑布局图：

A. 朱庇特神庙
B. 阿波罗神庙
C. 称量处
D. 纪念凯旋门
E. 家神庙
F. 韦斯巴芗神庙
G. 欧玛齐娅楼
H. 议会
I. 执政官办公室
J. 元老院会场
K. 市政官办公室
L. 长方形廊柱大厅
M. 市场

广场东侧欧玛齐娅楼前的柱廊。这座提贝里乌斯时期的建筑由欧玛齐娅主持建造，她是祭祀维纳斯的女祭司，同时也是洗衣工、缩绒工行业集会的保护人。在欧玛齐娅楼，工人们在大盆里用脚踩压织物。后来该建筑被用于宣扬奥古斯都的仁慈与恩德

沿着阿波罗神庙向前就是谷物市场。市场是一座大型的石块建筑群，内含大小不等的洞穴，对应城市中使用的度量系统。这样的设计为市政官精确掌握商人货物的质量和体积提供了便利。

韦斯巴芗神庙、朱庇特神庙、家神庙和欧玛齐娅楼坐落于广场东侧，这里是纺织品集散地，同时聚集着洗衣工、羊毛生产商和染布工。在入口的右侧，有一间带有梯子的小屋，屋中放置一只双耳尖底的陶土瓮，不想使用公共卫生间的市民可以用它小便。应该指出的是，当时的染布工艺需要用到尿液来固色。家神庙和韦斯巴芗神庙的祭坛紧连着市场。市场建于罗马帝国统治的第一个世纪，由一座广场和围绕在四周的商铺组成，商铺有的朝内，有的朝外，市场中心是一座圆形的柱式建筑和一座水池。市场后面是为皇室成员修建的宏伟建筑，内有皇帝及其亲信们的雕像。

在广场周围还有两座神庙：一座献给维纳斯，位于长方形廊柱大厅和滨海门之间；另一座则是建造在幸运大街上、公民广场背后的奥古斯都神庙。虽然奥古斯都神庙规模一般，但却成为罗马建筑文化的瑰宝。在它附近，我们可以欣赏到壮丽的卡里古拉拱门和卡里古拉骑马雕像。

奥古斯都神庙

长方形廊柱大厅

公民广场俯瞰图

市场　　　　　　　　　家神庙　　　　　　　韦斯巴芗神庙

正面

朱庇特神庙

凯旋门　　　　　　　　　　　　凯旋门

执政官办公室　　　　　　长方形廊柱大厅

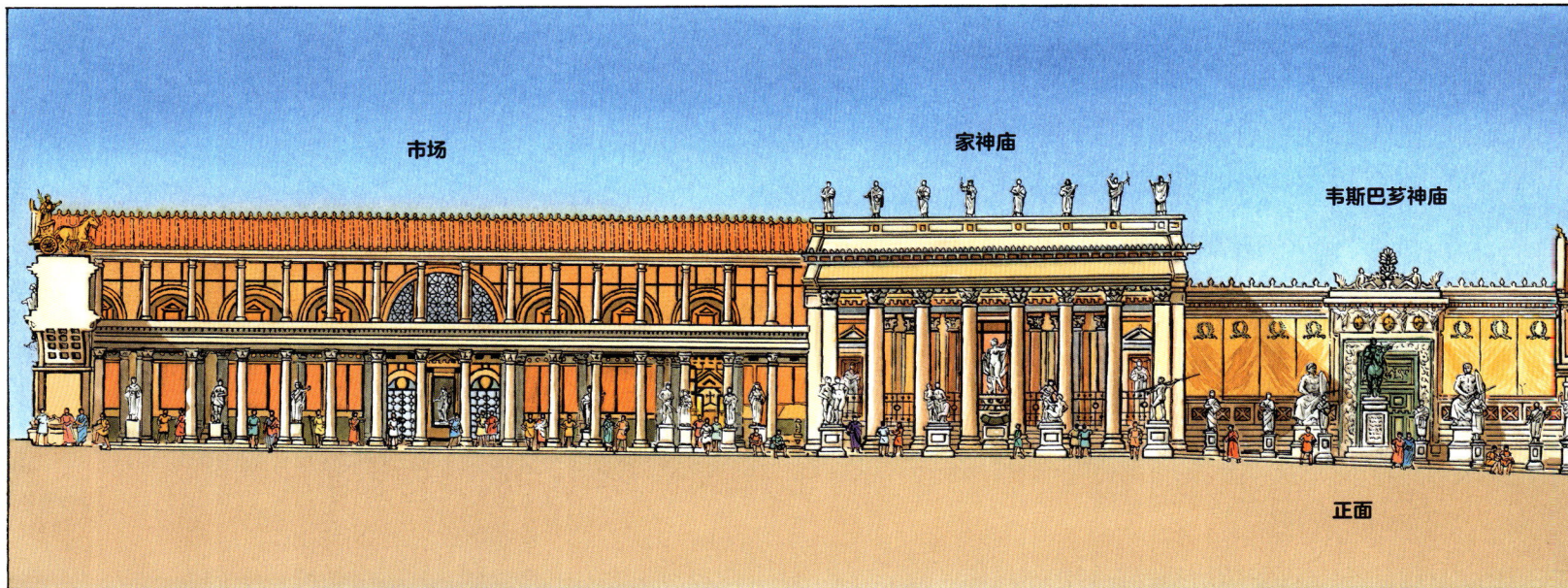

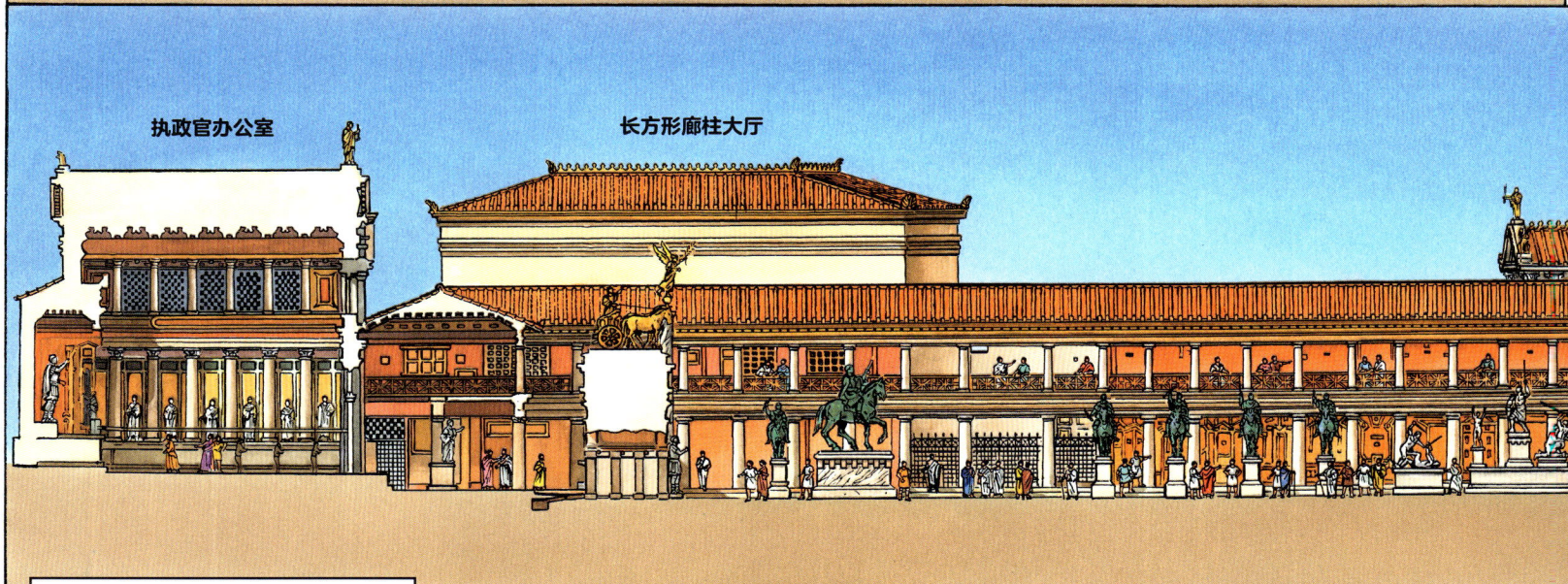

公民广场四周建筑（部分剖视）一览图

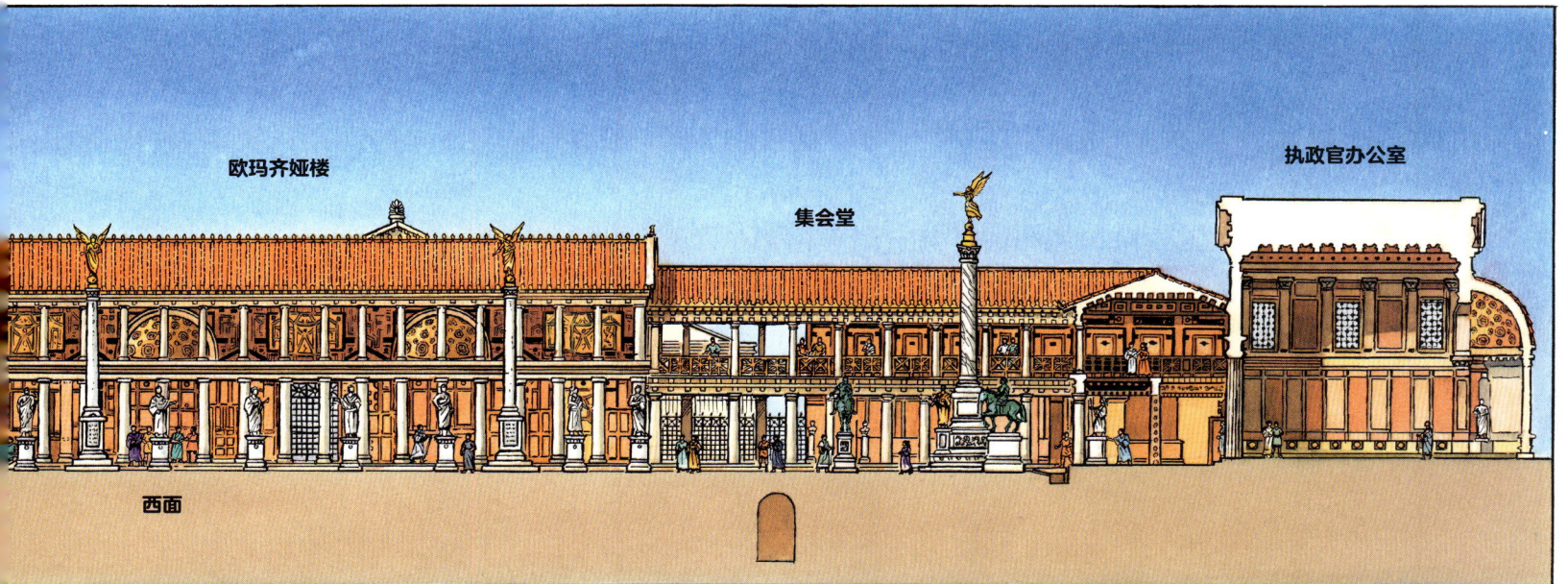

欧玛齐娅楼　　　　　　　　　集会堂　　　　　　　　　　执政官办公室

西面

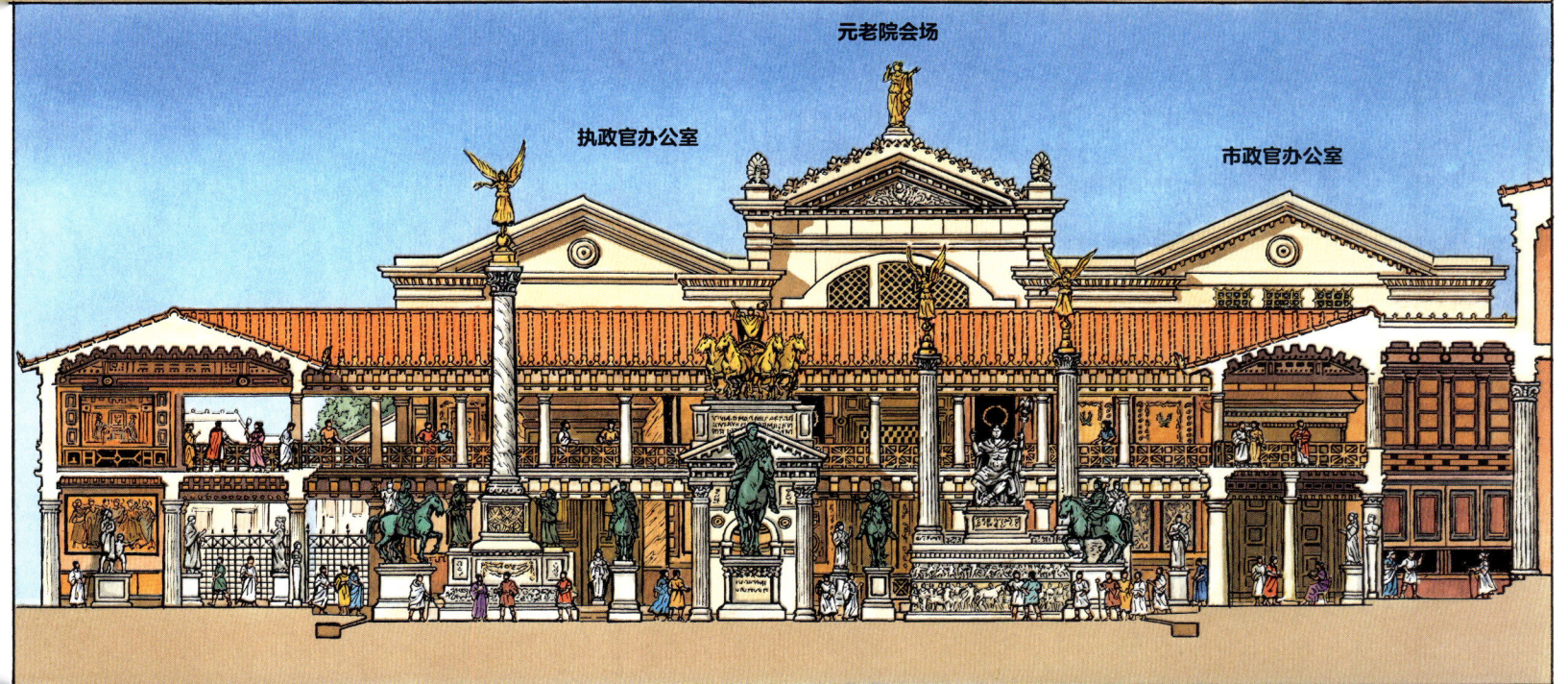

元老院会场

执政官办公室　　　　　　　　　　　　　市政官办公室

朱庇特神庙

阿波罗神庙

剧院区

三角广场无疑建造于萨莫奈时期，当时的三角广场是这座坎帕尼亚小镇的枢纽地带。

在罗马殖民时期，庞贝人来三角广场的频率虽然没有去市民广场那么高，然而得益于该区域的剧场、音乐堂、萨莫奈式的体育场和附近的神庙，该地区依然成为最受庞贝市民喜爱的场所。该区域的最前方是一座高柱耸立的殿前柱廊，外部被一座多利安柱式柱廊围绕。该区域的中心是一座多利安柱式神庙，还保持着最初的形式，它始于与意大利南方的希腊城市——主要是库迈——建立起最早联系的时期。神庙在前4—前3世纪被改建，但是在当时它只是一座小型祭坛。此时它具体祭拜的是哪位神明还不得而知——是赫丘利、密涅瓦，还是阿波罗……因为此处是希腊人在前6世纪所建的。

在北部斯塔比亚大街和伊西斯神庙大街的街角还有朱庇特神庙，这座神庙的规模远远小于公民广场的那座。然而，在62年的地震之后，因为大神殿的祭坛被破坏，这座小神庙就代替了它的职能。在三角广场，萨莫奈人修建了一座体育场，而罗马公民则认为它过于简陋，无法满足其对体能发展的需求，因此他们便在圆形竞技场附近修建了一座更大的体育场。

在大剧院后方聚集了很多士兵，更确切地说，这里是一座角斗士营房，里面有一座大院（无疑是训练场所），四周围绕着一片带卧室的木板房，供角斗士休息。晚间，许多年轻女子在附近闲逛，希望能寻到一位意中人。考古学家甚至在这里找到了一位角斗士和他爱人的遗体，在79年维苏威火山爆发的灾难之中，他们最后一次紧紧相拥。

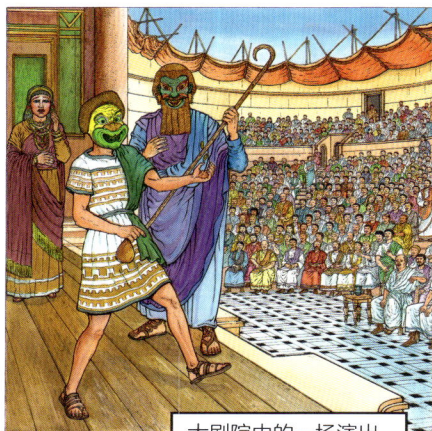

戏剧表演使用的面具

随着与埃及亚历山大里亚的通商活动，埃及人将他们的伊西斯女神引入了这里，这位神明在三角广场附近拥有了自己的神庙。62年的地震之后，伊西斯神庙在努曼里斯·波比迪乌斯·塞尔希努斯的要求下被完全重建，而此时他还只是一个6岁的小男孩……孩子的爸爸是一名市政议员，他在一定层面上代表了官方对这位外来女神的认可，

大剧院中的一场演出

这无疑在很大程度上帮助了小男孩完成他的意愿。高高的围墙、朴素的入口为这座宗教场所划定了界线。神庙建造在台基上，祭坛中储藏着祭品和一些关于伊西斯的宗教用品。祭坛旁边有一个通向神庙的梯子，旁边有一座小型建筑，内有地下水池，据说盛装着来自尼罗河的圣水。

传说在神庙深处有一面假墙，墙后隐藏着一个小型的藏身所，藏身所与祭司们宣示神旨的祭坛连通。还有人说这里有一些会说话的女神雕像复制品，雕像上安装了可拆除的嘴巴，祭司们隐藏在黑暗中，通过丝线牵动让这些雕像"张嘴"，用低沉的嗓音说着一些模棱两可的吉利话，因此神谕永远都不会出错。这里每天举行两场宗教活动：第一场是在早上太阳升起之前，向教众展示神像，教众们跪在神庙脚下，演奏一种埃及特有的打击乐器，到了太阳升起的时候，他们往往已经疲惫不堪；第二场是在下午两点左右，此时向教众开放尼罗河圣水。

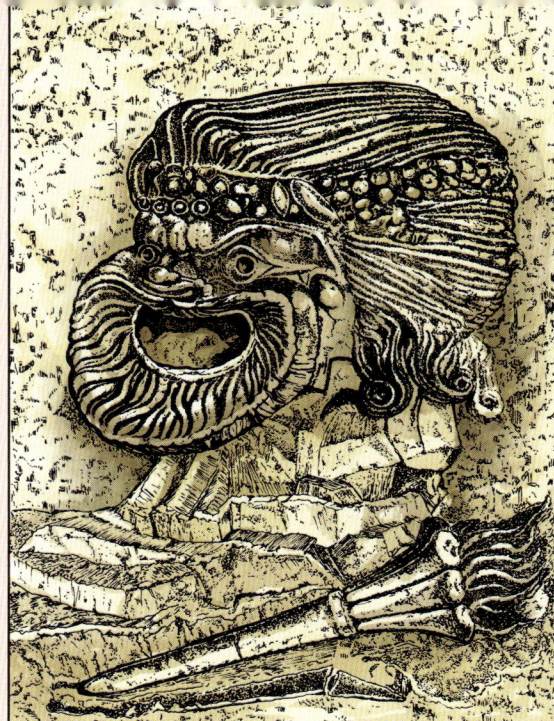

伊西斯神庙。坐落于剧院区，这座小型神庙始建于前2世纪，62年城市遭到地震破坏后重建。这位埃及女神的雕像放置在神庙中央的祭坛上，哈尔波克拉特斯和阿努比斯神像则被置于侧面的壁龛之中

萨莫奈式体育场

伊西斯神庙的祭司们在人民当中享有盛誉，然而其中有些人的品德却不怎么高尚，他们嘴上主张保持纯洁与贞操，行动上却组织荒唐的宴会，而信奉伊西斯神的官员们很多都有情人。所以不难想象，当第一批信奉基督教的人来到了庞贝，两个宗教群体很快成为死敌。坎帕尼亚人将其中一伙人命名为"拿撒勒（传说为耶稣的故乡）人"或者"无神论者"，他们在墙上刻下"你信仰伊西斯，她却对你毫不在意"。

庞贝拥有两座剧院——大剧院和音乐堂，二者都位于三角广场边缘地带，它们的历史都可追溯至萨莫奈时期。前5世纪期间，如今的大剧院所在地还有一座用于表演戏剧的普通建筑，内部装饰是与山坡形状相吻合的古老木质座椅，以及一座木质戏台。在萨莫奈时期，木质阶梯看台被凝灰岩看台代替，在罗马统治之下，它扩建成了大剧院，增加了一个铁质梯形看台，以及一个坚固的舞台。这些阶梯座位分为3个部分：第一层靠近乐坛，这层的座位预留给了市政议员；第二层是大部分普通观众的座位；第三层则是留给成功商人的贵宾席，这一层由环形走廊支撑，并设有顶棚。就像今天看剧需要门票一样，当时的人们用象牙薄片作为门票，上面详细标注了横排座位号、座位区号、座位层号，还有作品名及其作者，例如：第三区第八层第二号，《卡西纳》，普劳图斯。

庞贝大剧院可同时容纳5000名观众，它拥有壮观的舞台。舞台一侧有一堵墙，中间嵌有巨大的半圆形壁龛，两座长方形壁龛分列两旁，墙上另有3座门朝向舞台，供演员出入后台使用。

大剧院

小剧院也叫音乐堂

大剧院内景

伊西斯神庙

角斗士营房

舞台的背面有一个嵌着拉杆的凹槽，用来悬挂幕布。与我们今天的观剧习惯不同，在当时的庞贝，人们在剧目开场时降下帘幕，结束时升起帘幕。在大剧院旁边有一座与它风格一致的音乐堂，但音乐堂的规模比大剧院小很多，只能容纳1500名观众。

音乐堂主要用于举行音乐演出、诗歌朗诵、演讲等活动。与此不同的是，大剧院主要上演戏剧，其中有喜剧，也有悲剧。然而，在大剧院演出的剧目中，最为成功的是滑稽短剧、幕间诙谐剧和讽刺剧。和今天一样，当时的演员也可以称为真正的明星，帕里斯就是其中之一，他拥有自己的粉丝团"帕里斯的朋友"。人们在庞贝的城墙上经常可以看到狂热粉丝对自己偶像的"表白"："阿喀琉斯，我们都爱你，快重返舞台！""帕里斯，舞台之光！""最亲爱的帕里斯！"……

音乐堂内景

17

三角广场

公共浴场

同罗马和其他意大利大城市一样，庞贝也拥有公共浴场。庞贝的公共浴场共有3座，均位于城市人流密集、交通便利之处：斯塔比亚浴场位于丰足大街和斯塔比亚大街的交会处，市苑浴场位于广场大街和诺莱大街之间，中央浴场则位于诺莱大街上。

市苑浴场桑拿房

斯塔比亚浴场起源于萨莫奈时期，其先期的主体部分是一个公共的大厅，内部有一系列小房间，每个房间都配有一个大浴缸和一处露天火盆。随后，罗马人改建了这座浴场，扩大了其规模，使其变为庞贝人最常光顾的公共浴场。此时的浴场由两部分组成：一是一座由体育场拱廊环绕的大型院落；二是两侧分开排列的男浴池与女浴池。所有浴池的样式都是统一的，一进门就可以看到浴场的看守者坐在桌前，桌上放着两个盒子，看守者一手收钱，一手发放浴票，人们甚至可以在这儿买到音乐堂和圆形竞技场的门票。入口处柱廊的墙壁上挂满了广告。人们首先走到更衣室并在此处脱换衣物，有些人喜欢把衣服全脱掉，有些人则倾向于换上轻薄的长衣。斯塔比亚浴场的男浴池有两间更衣室，一间在体育场附近，另一间靠近温水室，人们可以根据自己洗澡前是否需要运动而选择去哪间更衣室。体育场可进行种类丰富的游戏和运动，其中最奇特的就是一项玩法类似于保龄球的球类游戏，人们在石头砌成的光滑小路上进行这项游戏。人们还可以玩橄榄球和排球。有些人喜欢在流汗之

市苑浴场天花板细节（多彩粉饰灰泥）

前先去游泳，像今天的人们一样，庞贝人在一头扎入水中之前也会先去一座水很浅的小池塘边洗洗脚。第一个房间是冷水室，圆形的房间里有一口圆形的井。随后，客人们进入温水室，加入同样刚刚从冷水室跑出来、冻得瑟瑟发抖的人群。温水室的温度不是很高，但能使人感到舒服。人们在这里聊完奇闻逸事便会去桑拿房，桑拿房内的温度非常高，由于地暖烧得很旺，人们不得不穿着木质凉鞋走动。在进入桑拿房之前，人们会涂抹香水；此外，为了防止体表温度上升太快，此时人们还会涂抹油膏。人们通过反复往返于冷水室和桑拿房或温水室和桑拿房实现第二次发汗。随后，人们用刮身板去掉死皮、清除身体某些部位的汗渍，最后是按摩，并使用洁肤水和舒缓精油。女浴池也有这些类似的装置，只是比男浴池的小很多，并且女浴池不设冷水室，而是在更衣室中有一个冷水浴缸。考古学家认为，在温水室、桑拿房和男子运动场的角落里肯定有一片空地供女性运动。此外还有一种假设：由于日晷的出现，让男女分时段使用特定场所成为可能。男性或许在特定的时段被禁用一些设施，而女性只在这些时段能使用，其他时段女性均不得使用男性的设施，特别是体育场和游泳池。无论实际情况如何，这个问题在62年地震之后便得到了解决，人们开始修建新的浴场——中央浴场，直到79年火山爆发之际仍未完工，在修建过程中人们采用了新的理念，比如偏好大面积建筑、希望加入大窗户等，特别是增设了男女混用的设施。

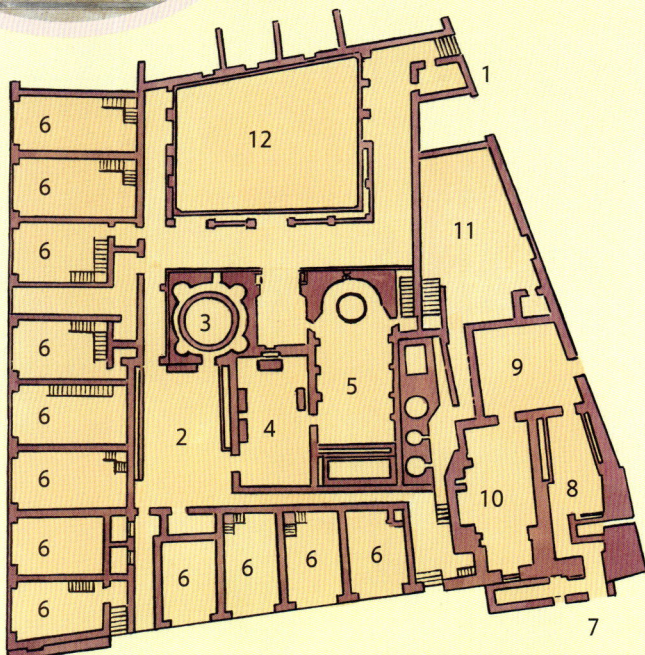

市苑浴场平面布局图：
1. 男士浴池入口
2. 更衣室
3. 冷水室
4. 温水室
5. 桑拿房
6. 商店
7. 女士浴池入口
8. 更衣室和冷水室
9. 温水室
10. 桑拿房
11. 待发掘空地
12. 体育场

大批的工作人员保障着沐浴者享受良好的服务。他们帮助行动不便的人进出浴池，帮助由于身体原因不能自理的人洗澡。在脱毛师、香料商人和按摩师（通常是黑人）纷至沓来后，浴场无论对男客人还是女客人来说，都变成了一家如假包换的美容院。一些人在洗澡的同时还理发、剃须。庞贝人和其他意大利人不无幽默地说，公共浴场才是真正的公民广场，各种文化和见闻在此交融。在这个文化融合的场所中，产生了很多关于政治、意识形态的辩论，也产生了许多的流言蜚语和优美诗篇。这些时而尖锐的讨论有时会演变成肢体冲突，以至于安保人员不得不出面阻止。这里聚集了很多商人、意见不合的团体，当然也就聚集了很多的复仇计划。但很多合同也正是在这种极为悠闲懒散、不必曲意逢迎的环境中签署的。

一些私宅的主人也拥有自己的浴室，M.克拉修斯·佛鲁吉就请人为自己和亲友修建了海水浴室。

斯塔比亚浴场更衣室入口处天花板

男士冷水室

论坛温泉

斯塔比亚浴场剖视图

住宅与别墅：私人遗产

大部分庞贝住宅的历史都可追溯到萨莫奈人占领时期，因此，即便后来这些住宅风格受到罗马文化和希腊文化影响，但它们的基本构造还是意大利式的。

意大利风格住宅的特点可归纳为以下方面：一座小庭院被几个房间围绕，庭院深处有一座小花园，用柱子加以点缀。这种建筑又叫柱廊。入口处是一条狭窄的走廊，前面可能会修建一座前厅用以迎接访客，访客也可以在这里脱下外套。院子的中央放置一个用来收集雨水的水盆或小桶，旁边通常会有蓄水池，除了这个位置是露天的，院子的其余部分都是有顶的。院子的四周建有卧室，有时卧室会被改造成摊位。房屋的背面是后厅，这个房间原本是主人的卧室，然而随着时间的推移，这里逐渐成了办公场所。可惜的是，想要在庞贝找到完全符合标准的意式建筑已经非常困难了。在更小的城市里，这种典型建筑很常见，但在庞贝，建设大规模住宅区的规划很大程度上强制干扰了建筑师们的本意，他们不得不中途改变计划。建设大规模住宅区的命令与城市人口数量逐渐增长的事实相结合，使居民住宅的垂直高度变高。二楼的修建为仆人们提供了住所，同时也使他们远离了家庭生活。这些房屋

农牧神之家的大型柱廊，这座宅邸是庞贝最大的住宅之一

的二层还可以用来出租。此时房主要么将通知写在墙上，要么就在家门口挂一块木牌招租，比如："盖乌斯·庞贝·第欧根尼将从7月1日起出租其房屋的二层。"

前厅无疑是最具人气的房间，也可做起居室。在建造初期，人们可以在此安装壁炉来抵御冬日夜晚的寒冷。因此，最初的"壁炉"和"前厅"是同根词。

房屋主人在前厅接待普通访客以及正式到访的重要人物。因此前厅也是住宅的核心部分，它通向后厅，而后厅通常是主人存放家谱的房间。为了方便居住者看到前厅出现的人，大部分家庭的后厅与前厅之间只隔着一道窗帘，最好的情况也不过是用一块带窗户的木板隔断。房屋的主人可以根据门客的反应选择是否直接从后厅迎接门客。主人可以为门客提供一些资金帮助来换取门客的服务，比如在政治活动中支持某人。这些门客可以在小酒馆里煽动群众，也可以在墙上张挂上对雇主有利的标语。有些门客甚至可以为雇主在诉讼中做证，即使他们之前根本不认识。门客无须自己发挥，只要在法官面前复述雇主为他准备好的说辞即可。一些有影响力的人物甚至会互派门客去代表自己商议解决争端，而自己则安坐在后厅中并不出面。

典型庞贝式前厅，中间是蓄水池，边上的小桶用来收集雨水

庞贝所有的住宅都带有花园。有的房后花园很小很简朴，人们通常会在花园尽头的墙上画一些描绘外部景象的装饰画，这样就可以利用透视原理让花园在视觉上变大。最受欢迎的花园无疑是被柱廊围绕的花园，在酷暑的季节里，石柱会为人们营造一丝阴凉。考古学家在庞贝古城中发现了只围绕三面甚至两面的柱廊，但是都很罕见。人们在相邻的柱子之间系上铜片，这样当太阳直射的时候，铜片可以将阳光折射出去。人们还在花园里发现了一些小型神龛和一些献给家神的祭品。奴隶们要精心地养护花草树木，必须让花园四季如春。这些负责园艺的奴隶通常比同伴们的待遇更好，因为他们显然承担了最为重要的家务劳动。事实上，意大利人将花园看作住宅最为珍贵的装饰。花园的状态、鲜花的种类选择和健康程度都代表了家庭的精致和富裕程度，毕竟并不是所有家庭都有能力雇用园丁和购买优质的种子。人们在庞贝的一座花园中发现了一株距今将近2000年的嫁接的树木，显示出了园丁高超的技艺。

和前厅不同，柱廊主要用于娱乐、放松（休闲与交易、公务相对）。坎帕尼亚人和庞贝人都有将床搬到花园里并在阳光下吃饭的习惯。随着时间的推移，人们加固了这些床并把它们长期放在花园中。这些户外"餐厅"（同寒冷天气或雨天使用的室内餐厅一样），都有3层帷幔和垫子遮盖，帷幔和垫子向后厅倾斜（那里叫宴会厅），餐厅留有一面不被遮挡，方便用人进出。餐厅中央的餐桌上可以摆放盘子、水壶和餐具。吃饭时的座次是提前按照传统安排好的：第一层是男主人和他的亲友；第二层是被邀请的客人；第三层则是女主人的朋友或客人的朋友。第三层有时会被一些奇怪的人占据，如果这些人不请自来或者很惹人厌，就会被称作"苍蝇"；如果这些客人很不客气，拍手重读大家说的每一句话，那么人们就会叫他们"翁布里亚人"。在大部分情况下，他们都没有受到邀请。这样的问题在屋大维·瓜尔迪奥的宴会上就不会发生，因为他的餐厅罕见地仅有两层。

屋大维·瓜尔迪奥之家，小型家神神龛，位于花园里的露天餐厅（两层）

除了家族聚餐，女性在大部分时间里都可以坐着。当时女性不必穿戴胸罩，而且当时在庞贝和罗马流行女性大方地袒胸露乳。每逢宴会都有一位专门管酒水的人，在宴会开始之时就要确定每位宾客的饮酒量。然而饮酒总是过量，因为主人自己也和其他宾客一样想要痛饮。令人震惊的是，古人赋予蛇神圣的意义，因此有人会驯养蛇并将它带到宴席上，还让它吃自己的饭菜。

庞贝人喜欢美味佳肴，负责做饭的奴隶雇用价格不菲，并且和他的园丁同事一样，拥有较高级的地位。然而，他依然是奴隶，而且厨房——他的工作地点，从来不在人们建造房子时的考虑范围之内，他必须要挤在前厅后面或者楼梯下面的狭小空间里。这个地方通常只配有一个简单的砖炉、一个水槽，以及一个被打穿直接连通厕所的地沟。住宅的厕所要么位于厨房的一个偏僻角落，要么干脆就在炉子和水槽中间，这样厨师就可以边解手边烹饪，久而久之，这里的味道一定会变得非常奇怪！

屋大维·瓜尔迪奥之家，凉棚掩映下的花园，配有水盆和蓄水池

大喷泉之家

　　大喷泉之家的地理位置毗邻小喷泉之家。这个地方的花园里有一座小型壁龛，上有彩色玻璃镶嵌画。在建筑学的意义上，它代表了植物图案和几何图案的结合。这座壁龛会涌出一道喷泉，喷出的水会回落在大理石水池中。大理石的面具雕像点缀两旁，一座漂亮的小铜人雕像让水池变得更加赏心悦目。

农牧神之家

这座宅邸是庞贝中最大、最美的宅邸。它建造于前5—前1世纪，因其华贵优雅的建筑工艺而闻名。它运用了典型的庞贝装饰工艺，墙壁运用仿大理石的粉饰灰泥，此外，它还因为现藏于那不勒斯国家考古博物馆中的镶嵌画而闻名。在入口前的人行道上，有镶嵌而成的"你好"的欢迎字样；在前厅两侧的房间内分别摆放着冬季和秋季用的床桌；在一张豹皮上还发现了分别表现海滨农牧之神和酒神狄俄尼索斯的镶嵌画。在前厅中，有一个用来收集降雨的水盆，点缀蓄水池的是一座可爱的小雕像，它表现的是舞中的农牧神，这座宅邸也因该雕像得名。在大厅里，地面被华丽的镶嵌画所覆盖，画面表现的是伊苏斯战役中亚历山大大大帝对抗波斯国王大流士。

悲剧诗人之家

它是1世纪典型的中产之家的代表。入口的镶嵌画内容是一只被拴住的恶犬，同时配有"小心恶犬"的字样，这幅镶嵌画非常有名。后厅入口的镶嵌画则表现了一组演员排练戏剧的场景。

撒路斯提乌斯之家

这是一座典型的萨莫奈时期的住宅。凝灰岩石块砌成的墙壁点缀着早期庞贝风格的装饰（粉饰灰泥制的仿大理石装饰与仿大理石"砖"）。这座住宅拥有一个托斯卡纳风格的花园和一座六边形柱子组成的柱廊。房内还有一座花园和一座磨坊。在房子大门口的两侧，有后来建起来的小店。

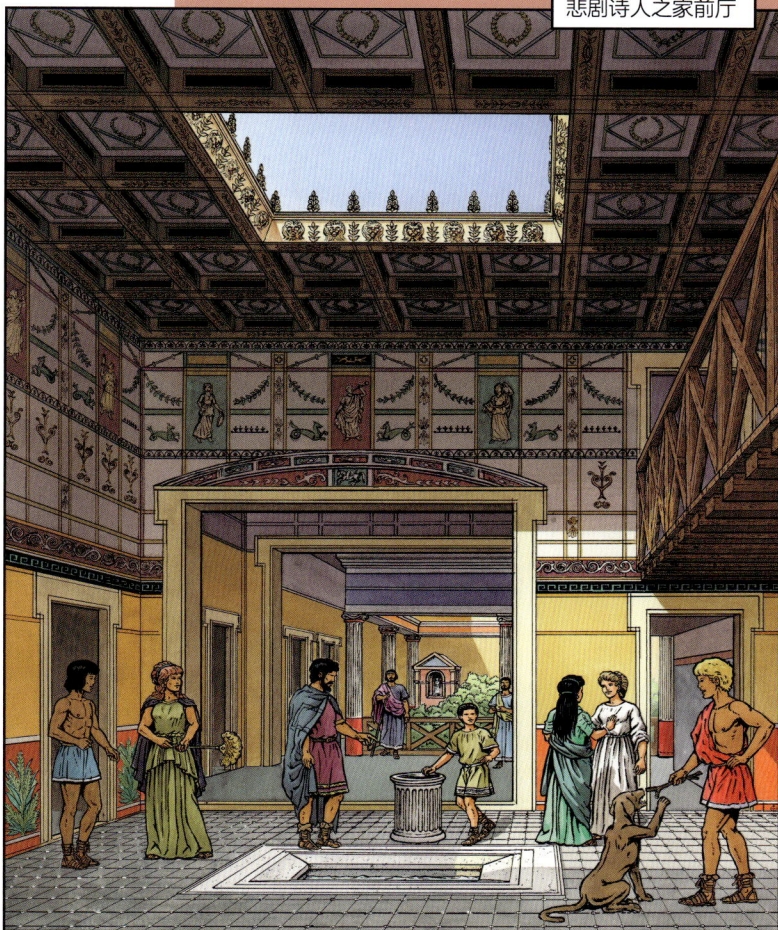
悲剧诗人之家前厅

潘萨之家铺着装饰画地板的前厅

潘萨之家

房屋建造于萨莫奈人统治时期，当时这栋建筑占据了一个住宅群的面积。阿丽亚娜·波利亚纳氏族是这座巨型建筑的主人，他们在近1世纪中叶的时候将其分成几部分出租。当时农业主和地主的地位正逐步被商人和工匠所取代，这对当时庞贝的社会结构产生了很大的冲击。住宅的核心部分目前只剩下了一座托斯卡纳风格的前厅和一座中间放着大水盆的柱廊。在住宅内部，考古学家发现了一些早期基督教群体在此集会的迹象。

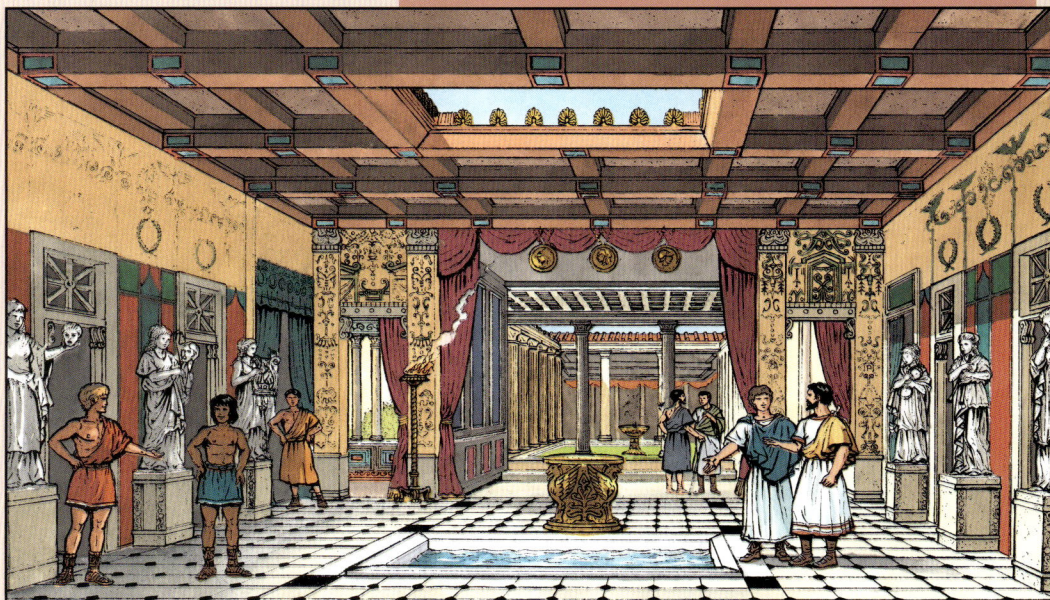

撒路斯提乌斯之家的柱廊

迪奥梅德别墅的四柱前厅

维纳斯之家描绘马尔斯神的壁画

维纳斯之家的柱廊

迪奥梅德别墅

在迈向1774年之际，人们在这座宅邸的地下门廊处发现了18具遗体，他们都是79年火山爆发的遇难者。廊柱大厅有个小出口朝向墓地大街，家中的日常生活也围绕着这里展开，东边是带有冷水浴盆的浴池；北边与南边是一系列房间，其中包括一个露天餐厅和有3块大窗的半圆形后厅。花园呈方形，被柱廊环绕，柱廊上方建有这座别墅的第一座露台；后厅附近还有一座露台。柱廊环绕的露天餐厅坐落于花园中央。这座别墅承袭了经典的罗马帝国风格，从别墅望去，可以看到萨尔诺河河谷和浩瀚大海的风光。

朱利亚·费利克斯之家门口是用仿大理石"砖"建造的

朱利亚·费利克斯之家

这座住宅位于接近丰足大街尽头的位置。它由众多围绕着花园的房间组成，显得井然有序。住宅的一边是大理石柱廊，另一边是一座凉亭。柱廊后面是不同的房间，其中有一间露天餐厅，餐厅的床桌由大理石制成。远处靠近墙的地方有一处喷泉，喷泉中的水来自运河。在南边有一座小型祭坛，显然是用来祭拜伊西斯的。在远处的前厅周围有几间套房，包括用人房和一个通向西边小路的入口。另一侧是一个通向丰足大街的入口，进来便是浴室，通过铭文我们得知浴室曾向公众出租过。在浴室旁边，有数个房间充当商铺。别墅后面是一个果园。

神秘别墅壁画（Delphimages-Fotolia.com 供图）

维提之家

这是庞贝在罗马帝国时代最著名的宅邸。它于1894—1896年的挖掘中被发现，保存情况完好，特别是绘画、大理石雕塑和家具。这座宅邸归富有的维提兄弟二人所有。这座奢华府邸的格局也很特别，宅邸不设后厅，却在主前厅两侧设有两个中厅，这在当时的富人家庭里很不常见；特别值得一提的是，在这里有一个小型的私密柱廊，还有对所有访客开放的大型柱廊区域和花园。从进门开始，每个房间都有庞贝第四风格的装饰画【1】，这些装饰画数量繁多且笔触非常精细。这些画有的表现普里阿普斯；有的表现墨丘利和羊群。此外，这座住宅还有丘比特像装点的檐

神秘别墅

这栋建筑地处庞贝西北角，当时部分富裕的贵族阶级选择住在安静的城市角落以避开城市的喧嚣，这栋位于郊区的大型别墅的主人就是其中一位。虽然别墅中大部分住人的房间都装饰着前3世纪的壁画，但这座别墅最终得名主要归功于其室外餐厅超乎寻常的装饰——一组"神秘"的作品。该幅作品高3米、宽17米，由一位来自坎帕尼亚的才华横溢的大肖像画家基于前4—前3世纪的希腊壁画模式进行创作，画面描述了一位妇女参加神秘的酒神祭祀仪式的场景，这幅壁画的规模在整个那不勒斯地区都是相当庞大的。在壁画中端坐的妇女——显然是别墅的女主人和主导着画中仪式的女祭司——的注视下，这场有情节、有故事的神秘宗教仪式通过艳丽的红色、深沉的黑色和仿大理石材料表现出来。画家同时通过一系列女性形象来强调作品的美感。

金色爱情之家

这座住宅无疑是属于波比娅家族的，尼禄的妻子就出身于这个家族。该时期的住宅装饰非常精美。走过一座传统的托斯卡纳式前厅，我们就进入一座柱廊环绕、装饰有小型人物雕像和戏剧面具的美丽花园。住宅的不同房间依然排列在柱廊周边。在柱廊西边是一面有3个出口、顶部配有三角楣的舞台背景墙。由此我们可以推测到这个家庭非常热爱戏剧，并有可能在这里举行过一些私人演出。柱廊北面是一座小型的伊西斯祭坛，再次验证了对这位神灵的信仰宣传在庞贝的成功。在一间小房间里，有一些表达爱情主题的玻璃壁画，这座住宅也因此得名。

【1】全文多处提及庞贝壁画的风格。德国学者奥古斯特·马耶把庞贝的壁画大致分为四种风格。第一风格又称"镶嵌风格"，即用灰泥涂抹到墙上，模拟大理石的效果。第二风格又称"建筑风格"，即在墙上绘制出不同的建筑结构，利用透视原理让人感觉房屋空间变大了。第三风格又称"埃及风格"，即放弃了扩大房屋视觉空间的做法，更强调墙体的平面性和装饰性。第四风格又称"复合风格"，即兼顾第二、第三风格的特点。

注：因供图方分别来自不同国家和地区的个人、网站、博物馆和科研机构等，故本书只保留供图方原文，以便读者查阅和考证。

壁、金属穿衣镜，有自己的葡萄种植工、面包师和洗衣工。商业活动为两兄弟带来了大量财富，其中一位甚至成了一名奥古斯都司令官。

马尔科·卢克雷秋斯之家

这是一座属于罗马帝国时代初期的优美宅院，保存完好的墙壁装饰完美地体现了庞贝第三风格，这些画由大块彩色图框拼接并突出中间的图框，大多表现一定的场景并用白色或浅色的画框镶嵌。这些室内的壁画表现了众多的神话场景；而室外花园墙壁上的壁画则通过对植物和动物的描绘展现非洲风光。花园中设有一座壁龛，园内还间错点缀着一些雕塑，整体氛围令人愉悦。

庞贝的私人音乐会

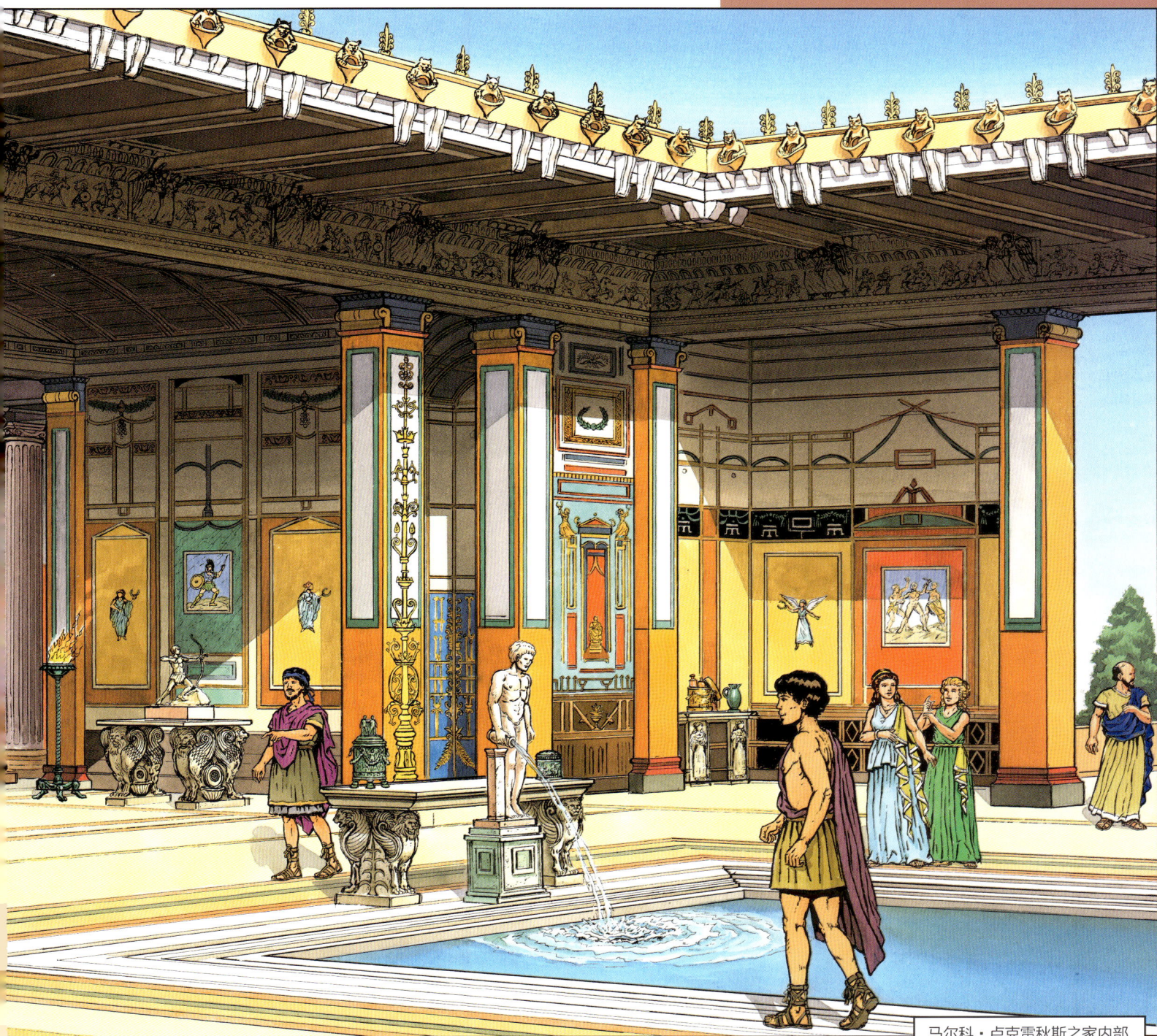
马尔科·卢克雷秋斯之家内部

商业街与手工业

在庞贝的普通百姓家中，考古学家能看到"利润使我快乐"的字样；而富有的人家则会用嵌画工艺拼出一句"利润，你好"。这些足以证明商业在当时坎帕尼亚地区的城市占据优势地位，因此，商业之神墨丘利在庞贝人心中也非常重要。

执政官大街上的喷泉（位于庞贝西北部的街区）

商业街的道路由五边形的砖块铺成，下水系统在当时很少见，并且效率低下。道路呈凸起状，人行道高出马路约30厘米，有时会更高，这样人行道和马路之间就形成了一个小小的高度差，雨水便会流向马路，但有时马车经过会溅湿行人。人行道由沙浆和碎砖块混合铺成，有时会偶然地形成一些装饰图案。人行道下铺设铅管将水输送到富裕家庭和每条街都有的公共喷泉中。马路上的大石头是市民们的人行道，早期的考古学家认为这些石头是为了方便上马，因为古代人不会使用马镫。道路的宽度很少超过5米，然而有的路会更宽一些，比如斯

塔比亚浴场所在的丰足大街，以及建有市苑浴场和中央浴场的诺莱大街。这些街道两侧是摊贩和搭着挡雨板的商店，同时，这些商店也是居民住宅的一层。

莫德斯特面包房，石制磨谷机和远处的面包炉

奴隶们在操作磨谷机

人们绘制的招牌上展示着售卖的货物，多半同时绘制着保护神。在这些商店之中，考古学家发现了面包房、香料店、主要由年轻女孩经营的小酒馆、家务用品店、珠宝店、细木制品店、毛织品商店和裁缝铺。在庞贝，曾有一项禁止赌博的法案出台，规定只有在12月可以进行博彩游戏，但是它和其他所有的禁赌法规一样，并没有什么作用。人们的赌注有时下得很大，他们神色紧张地盯着骰子从骰盅里掉出，落在绿色的毯子上。投出3个1为最糟，叫作"卡尼斯"，意为小狗。人们在玩骰子的时候会喝很多酒，因此经常有人在游戏中借着酒劲大打出手。

丰足大街上的商铺和小酒馆

丰足大街

面包和鱼酱（塞内克非常讨厌鱼酱的味道）是庞贝食品行业的主要产品。鱼酱可以用来给所有的食物调味，至今还可以在那不勒斯的街道上买到。面包房则是拥有50多名员工的工坊，黑灰色的石磨由奴隶们或者驴借助木杆操作。

面包房内部

榨油机

面包房内的壁画

广场大街上的商铺

铜器商店和酒商

石板路中间的过道，供行人走到对面的人行道，我们注意到过道的石头上面有马车经过的痕迹

做好的面包分8处摆放以便区分所用面粉的种类，今天的坎帕尼亚人依旧沿袭着这一做法。装鱼酱的罐子上刻有生产者的名字和鱼的种类，鲭鱼酱和鳝鱼酱卖给富人，鳀鱼酱卖给穷人和奴隶。

墙上的许许多多刻字向考古学家揭示了古城人民日常生活的一角。这些刻字有些是竞选宣言："我请大家选择潘萨做市政官，他很有才能！"当然也有警告："我房子的外墙不是厕所，如果你继续这样做，朱庇特会诅咒你！"还有辱骂："阿尔巴努斯是个无赖！""奥迪西斯，一位品行良好的希腊人，沉迷于'两把骰子'（一种赌博）。"连一些小饭店供应的饮料和食物的价目表这些内容也被写在墙上。

快餐店

圆形竞技场

圆形竞技场（建于前75—前70年）位于城市东侧，这是一座倚靠着城墙的椭圆形建筑，可同时容纳两万名观众。观众从外部的楼梯进入场内的阶梯看台。

从北面观看到的竞技场景观，远处是维苏威火山

在接触了比罗马文化更久远的迦太基文化之后，庞贝人就一直非常热衷竞技游戏，以至于在59年，庞贝本地人和来自诺切拉、卡普阿、斯塔比亚等相邻城市的"外地人"之间，爆发了一场导致数十人死亡的冲突。富商里维涅斯举办竞技比赛，邻市人被比赛吸引，纷纷拥入庞贝，占据了竞技场四分之三的座位。此时庞贝人看到自己没了座位，兴致全无，气不过的他们纷纷拿起匕首和刻刀（用来在蜡板上写字的工具）攻击这些从10~15千米以外赶来的"外地人"。阶梯上的石头被拿来作为投掷的武器，冲突蔓延到了城市的街道上。这些"外地人"向罗马当局投诉，此后的10年，庞贝都被禁止举办竞技比赛，且有警察或罗马百人团介入，以防止庞贝人闹事。

人们把比赛的消息写在宣传单上或墙上的画中。这些竞技比赛常由一些富人举办，他们从卡普阿的训练学校中高价购买角斗士。许多妇女，甚至是出身于良好家庭的妇女也成了角斗士，这很出乎考古学家的意料。同时，竞技场中也经常举办角斗比赛，以便评判哪位富有的金主能成为"最佳经理人"，想要赢得这个称号，要么手下的角斗士战绩最好，要么自己在尽可能少的时间里举行尽可能多的比赛。

圆形竞技场外部景观

角斗开始之前，角斗士首先会进行个人展示，随后是一些滑稽的角斗和表演来点燃观众席上的气氛，比如侏儒角斗、巨人角斗、大象吹号角等。随后角斗士们两两一排地在观众的欢呼声和乐队的号角声中出场。当其中一位角斗士因伤不能继续比赛时，他会举起拇指请求停赛。这时观众席里常常有人希望自己充当裁判，在一阵喧嚣中让角斗士举起或放下拇指，但只有比赛的举办者才有权最终决定角斗士的命运。即使大部分的观众会喊"habet"（他已经筋疲力尽了，让他下场吧），举办者仍然可以放下拇指，让其在对手的致命一击中死去。有时，不幸的角斗士也会在"non habeo"或"non habet"（他还没尽力）的呼声中死

竞技场的外部景观，右侧的大型柱廊可供角斗士在此训练

庞贝的镶嵌画，画中年轻的角斗士手部被包扎

去，然后他被一名乔装成卡戎（在希腊神话中，卡戎是冥界的渡神，负责带死者渡过冥河，在伊特鲁里亚神话中，卡戎则是一名负责引领死者的半人半兽、手拿锤子的冥界守卫）的人用绳索拖下场，并送到一间停尸房。

在两场比赛的间隙，会有人来到赛场上翻土并撒上香料和有清新气味的水。存活下来的角斗士如果深受观众的喜爱，则会名利双收。这些角斗士大部分都是受过训练的职业选手，女性也为他们着迷。从公民广场到城周的农田房屋，再到公共浴场，他们的辉煌经历会传遍城市的每一个角落。

庞贝的大柱廊位于圆形竞技场东侧，居民们可以在此锻炼，也可以在游泳池中游泳

部分石头座席得以保存至今，座席下面被打通成有穹顶的过道，方便观众进场。北边的过道甚至可以容纳两轮马车进场

人们为比赛一掷千金地豪赌，输的一方经常会选择在竞技场里殴斗泄愤

斗鸡

从南边观看圆形竞技场的内部景观，能够看到其椭圆形的
结构。下方的竞技场南入口离大柱廊仅隔一个拐角

古罗马戴盔、持剑和盾
的角斗士所用到的头部
与小腿护具

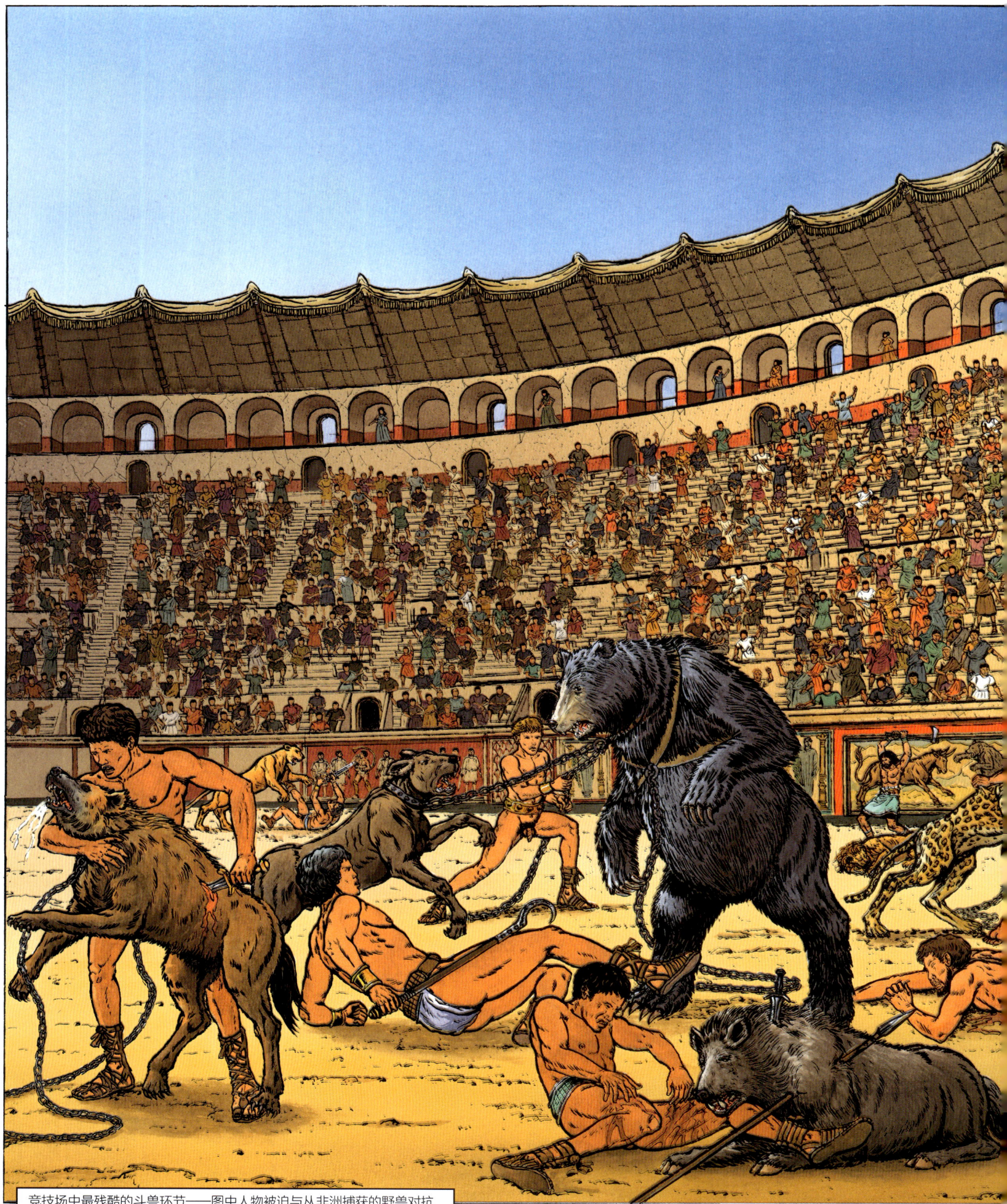

竞技场中最残酷的斗兽环节——图中人物被迫与从非洲捕获的野兽对抗

火山喷发

79年8月24日，早晨的阳光照在草木葱茏的坎帕尼亚，但维苏威火山却要打破这份宁静。在之前的几天里，该地区已经发生过地震。伴随着地震，整个地区隆隆作响，就像远方有人敲鼓一样，海水也卷起了汹涌的巨浪，拍击在一座座繁荣的小城所依靠的那不勒斯湾沿海地带。然而，作为火山脚下的居民，庞贝人对这种地表的波动早已司空见惯，他们认为这又是一场寻常的地震，甚至觉得这次地震的威力要小于62年的那次。殊不知，他们的悲剧已经注定——这座沉睡了数千年的、漫山遍野长满树木和葡萄藤的维苏威火山突然喷发了。

在火山爆发的第一阶段，炙热的石块和火山砾如雨点般砸向庞贝

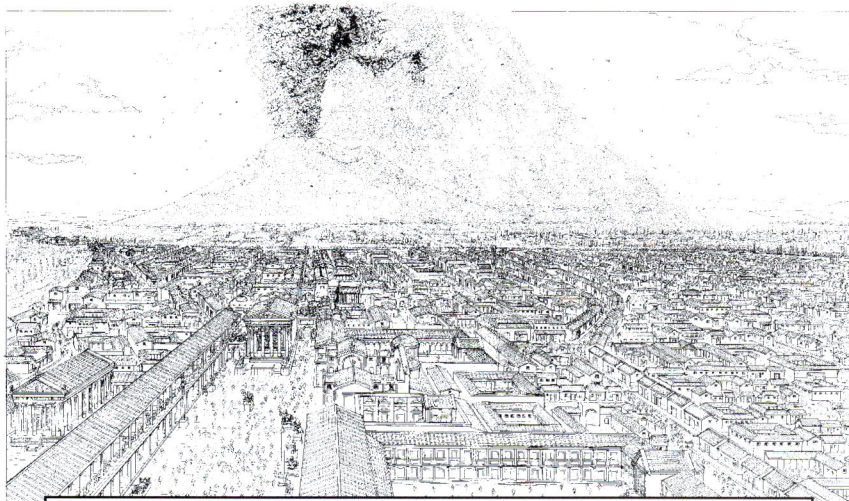

维苏威火山开始爆发，近景从左至右的建筑：阿波罗神庙、公民广场（和朱庇特神庙）、欧玛齐娅楼、市场、斯塔比亚浴场

上午10时许，伴随着一声世界末日般的震天巨响，维苏威火山开始喷发。事实上，火山口的火山熔岩已经硬化。因此，在压力的作用下，火山底部堆积的天然气以巨大的威力喷出地面（第一阶段）。强大的力量将石头震成无数的碎块，随后岩浆开始高高喷出火山口，随着岩浆内天然气的消散，岩浆变为带有气孔的浮岩。密密麻麻的炙热碎石和浮岩砸向庞贝，伴随着滑过天际的火光，几乎遮天蔽日。这样的庞贝对居民们来说恐怖又陌生，在室内躲避的人就像落入陷阱的小兽。随之而来的是新一轮更为猛烈的攻击，混合着岩浆碎末、火山石和灰尘的火山灰涌出山口，在东南风的作用下，这些火山灰像炙热的乌云一样，卷携着硫黄和水蒸气压向了恐惧的庞贝人，顷刻间使他们窒息，并在几小时后

被困在家中的市民在几分钟内就死于窒息

就将他们掩埋（第二阶段）。还未到中午，庞贝就被近4米深的火山灰掩埋了。

然而，火山喷发依然在继续。火山喷发出的火山灰团已呈松树状（第三阶段）。此时的火山灰团夹杂着一道猛烈喷出的天然气柱、鲕粒灰岩（夹杂着水汽的火山灰）以及其他成分的火山岩渣，杀死了所有吸入它的人。13时左右，庞贝所有的生命迹象都消失了。确实有很多人被火山灰掩埋了，但也有相当数量的人是因为吸入有害物质而死的。比如，小普尼林在给塔西佗的两封信中谈到了他的叔叔老普尼林——著名博物学家、帝国海军舰队将领，被发现因硫黄窒息而于8月25日死在了斯塔比亚海滩上。

24日下午之后的两天时间里，狂暴的维苏威火山用滚烫的淤泥掩埋了斯塔比亚和赫库兰尼姆，白色灰烬覆盖了35千米以外的米塞诺，抹去了人们对一些地方的记忆，如今人们对琉科佩特拉、多拉尼亚、多拉、索拉、科萨等地方的回忆只剩下名字了。而且，火山灰携带的细小灰尘甚至飘到了埃及和叙利亚！

8月27日，维苏威火山终于排空了它的天然气和岩浆，并在其自身重力的影响下坍塌破碎，熔岩石沿着不同方向的裂缝滚下（主要滚向北方的卡斯泰洛迪奇斯泰尔纳镇）。渐渐地，夜风扯破了灰尘与浊气形成的巨幕，当太阳终于升起时，照亮的是疮痍满目的景象，城市、文化、成千上万的居民都在火山灰的掩埋之下消失了，直到许多个世纪之后，它们才重见天日。

圆形竞技场出口处惊慌失措的人群

奥古斯都神庙，神明也无法从狂暴的维苏威火山手中救出他的子民

41

丰足大街上，惊恐的人群试图逃跑，然而火山爆发的速度和威力让他们所有的尝试都显得苍白无力

墓地大街上，许多居民以为自己躲过了火山灰的袭击，并试图躲在庞贝市郊的墓地中

赫库兰尼姆古城

根据希腊历史学家哈利卡纳苏斯的狄奥尼西奥斯（约前60—约8年）的记载，赫库兰尼姆是由赫拉克勒斯从厄立特里亚归来时，带领革律翁牛群修建而成，而捕获革律翁牛群也正是赫拉克勒斯的12项丰功伟绩之一。虽然赫库兰尼姆是意大利的城市，但由于它临近希腊殖民地库迈，这座城市也受到希腊文化的影响。随后，在前5世纪，赫库兰尼姆又受萨莫奈文化的影响。在前290年前后，即萨莫奈战争接近尾声之时，赫库兰尼姆、庞贝与罗马结盟。这两座城市又在前90年的意大利同盟战争中转而反抗罗马，并于一年后向罗马投降。此后经历了半个多世纪的罗马和平时代，赫库兰尼姆也最终成了罗马的自治市。

奥古斯都教堂里表现赫丘利、密涅瓦与朱诺在奥林匹斯山上的壁画（第四风格）

梦中的度假胜地

赫库兰尼姆拥有约5000名居民，规模远远小于庞贝。与庞贝不同的是，赫库兰尼姆不是商业中心或工业城市。然而，这座以干净闻名的小镇得到了地理学家斯特拉波的大力赞扬，并成为罗马贵族们的海滨度假胜地。这里贸易与餐饮业相对发达，然而交通却相对不便，路上也鲜有车辙和噪声。总之，无论是暂住还是长居在这里的人们都很欣赏这种悠闲的生活模式。然而，考古学家对这座城市的规模与结构的认知依然很模糊，截至目前这座占地12公顷的城市仅被发掘了4.5公顷，并且只有几个小区作为考古遗迹供人参观，小区中有商店、餐厅、普通住宅和高档住宅，这些住宅建在海边，可以一览第勒尼安海的风光。因此，人们只能推测这座城市曾存在过一些大型的公共建筑和文化建筑，目前能确定存在的只有奥古斯都神庙、剧院（距考古区350米）和长方形廊柱大厅（位于第七区的东北角），后两者由于技术不完善，仅被部分发掘。

前景：港口与泊船的场地；后景由左至右：旅馆之家、马赛克墙中庭之家、鹿之家和郊区浴场

埃尔科拉诺城（1969年以前称Resina）建立在赫库兰尼姆古城废墟之上，古城的考古区三面被现代建筑包围，一面靠着古老的海岸。此外，维苏威火山爆发后的火山岩凝结成了坚硬无比的岩石，这些因素使得考古工程变得漫长而艰难。因此，这座城市自1950年起，仅经历过两次短暂的考古发掘。

79年8月24日及以后

赫库兰尼姆并没有像庞贝一样，被埋在浮石、火山灰和火山砾之下，而是在火山爆发的初期，混杂着泥土、石块和水蒸气的岩浆便沿着山坡流下，最终将赫库兰尼姆掩埋在了充满泥浆和碎屑的沉淀物中。在几个小时之内，整座城市便被无孔不入的滚烫激流所掩埋，海岸线向大海的方向延伸出了500米，将近20米厚的泥浆覆盖了整座城市。因此，城中的一切被几近完整地保存了下来，包括脆弱的木才、莎草纸和纺织品，甚至一些居民楼的上层也得以保留。

灾难过去之后，一些人又回到了这个地方，将赫库兰尼姆的记忆抹去，在已经变硬的泥浆上重新建起了一座城市。直到18世纪（1711年），古城的最初一批遗迹（剧院）才得以重见天日。规模最大的一次考古发掘于1739年进行，此次发掘的区域位于原考古区之外的古老海岸边，通过这次发掘，我们发现了恺撒岳父卢修斯·卡尔普尔尼乌斯的郊区豪宅。与维苏威火山城市群中的雕像一样，这座豪宅同为希腊、罗马考古研究的瑰宝。我们从中发现了上百幅莎草纸卷轴，其中大部分卷轴上写着希腊文的关于伊壁鸠鲁学派的文章。

私人建筑

赫库兰尼姆的城市平面布局深受希腊的影响，该城市南北向与东西向道路垂直，规则的排列向人们展示了希腊对那不勒斯地区的一段殖民史。

鹿之家遗址

赫库兰尼姆的商业街

尼普顿与安菲特里忒之家

科林斯式中庭之家和忒勒福斯浮雕之家也受到了希腊的直接影响。街道将城市分区，各个小区内分布着独立的房屋和被小路连接起来的住宅群。宽阔的石板路、公共浴场（中央浴场和郊区浴场）、带有游泳池的大型体育场、带有宽敞前厅和柱廊的房屋（加尔巴之家）、店铺（第六区的洗衣店和铅制用品店、第五区的纺织工之家等）、快餐店和小作坊……这些遗迹共同构成了罗马时代城市化与城市生活的典型代表。

62年，赫库兰尼姆在一场地震中损失惨重，因此79年火山爆发时，许多赫库兰尼姆的建筑正在重建和修缮之中。尽管如此，这座城市的居住形式依然比庞贝更为多样化。有趣的是，在这座城市中，普通住宅、店铺与成片的贵族宅邸会并存于同一个街区（第五区）。因此，很多有钱人家的住房上层被改造成用于出租的独立房间（萨莫奈之家），沿街道的底层被改造成商铺（托斯卡纳柱廊之家、尼普顿与安菲特里忒之家）。有些建筑则更加不同寻常，它们完全不遵守传统的建筑设计风格，以最大程度地扩大街区可用空间为宗旨，其中有拥有两个前厅的建筑（双前厅之家），还有没有前厅的建筑（阿耳戈斯之家），以及一些用院子代替前厅的建筑（木格子之家、大正门之家）。为了欣赏那不勒斯湾壮美的风光，海滨的奢华住宅一般都配有带柱廊的观景台（或是露台），例如鹿之家、马赛克墙中庭之家以及忒勒福斯浮雕之家，

其中规模最大的旅馆之家甚至拥有私人浴场。有趣的是，赫库兰尼姆还出现了一些很新颖的建筑风格，例如一些宅邸建起了隐廊，这是一种类似柱廊的建筑结构，只是周围并不是柱子，而是留出洞口的墙壁（马赛克墙中庭之家、鹿之家）；又比如在一些普通住宅里修建一座内院，并修建通向楼上长廊的楼梯（美丽院落之家），这非常接近于意大利文艺复兴时代的房屋结构。此外，我们惊奇地发现，城中有一栋建筑运用了仅在维特鲁威的书中才被提及的一种技术：用木材、芦苇混合粗骨料和石灰建成房屋外部不规则的围栏（木格子之家）。

大部分赫库兰尼姆居民都不吝使用最精致的装饰元素，如庞贝第三风格

赫库兰尼姆城作为一个度假胜地，而不是商业中心，其城市中只有主干道被砌上了石头

和第四风格的壁画（萨莫奈之家、木质小神殿之家）、镶嵌着大理石与彩色玻璃的地板（尼普顿与安菲特忒之家）。我们还可以从许多建筑中一窥赫库兰尼姆当年珍贵的生活图景：木质的隔板（木隔板之家）、木质的轧布机（轧布作坊）、木栅栏（200年纪念之家）、木质的架子与衣柜（阿耳戈斯之家）、食物、库房、雕塑、货币、珠宝以及许多人骨（大部分于20世纪80年代在海边泊船处被发掘）。这些人骨有力地驳斥了一个流传甚广的说法：赫库兰尼姆居民在火山爆发前有足够的时间逃亡！

赫库兰尼姆港口遗址

赫库兰尼姆全景

壁画与镶嵌画

酒神与维苏威火山（200年纪念之家）

庞贝第二风格的戏剧面具（那不勒斯国家考古博物馆）

萨芙或持刻刀的年轻女士（那不勒斯国家考古博物馆）

维纳斯诞生（维纳斯之家）

圣鸟白鹮（伊西斯神庙）

50

得益于在维苏威山脚下的城市建筑中发现的壁画，我们能够了解到罗马绘画艺术在前150—79年的演变。按照其风格可分为第一风格、第二风格、第三风格、第四风格。庞贝的绘画风格较为朴实、饱满，但又不乏华丽之作。神话或日常生活场景、静物、动物、丘比特以及想象的建筑装点着庞贝的公共和私人建筑的墙壁，这也见证了坎帕尼亚艺术的气质和创造力。

加拉泰的胜利（阿丽亚娜之家或马戏团彩色顶棚）

伊西斯在埃及的克诺珀斯河的祭坛上迎接伊俄（伊西斯神庙）

马尔斯和维纳斯（被惩罚的爱恋之家）

带翼的胜利女神（维迪乌斯·西里修之家）

面包师帕库尤斯·布洛库罗或律师特伦修斯·尼奥和他的太太（现藏于那不勒斯国家考古博物馆）

在庞贝，镶嵌画与壁画的装饰艺术的发展并驾齐驱，作品数量成百上千，工艺也极其精美。创作镶嵌画主要使用陶瓦块和彩色玻璃块。镶嵌画主要用于装饰地面，但因其重要的象征意义，有时也被用来装饰墙壁空间（常用作边饰）。镶嵌画丰富多彩又充满异国情调的图案有时是受到了希腊绘画的影响，有时则是借鉴了埃及亚历山大里亚的手工艺术。

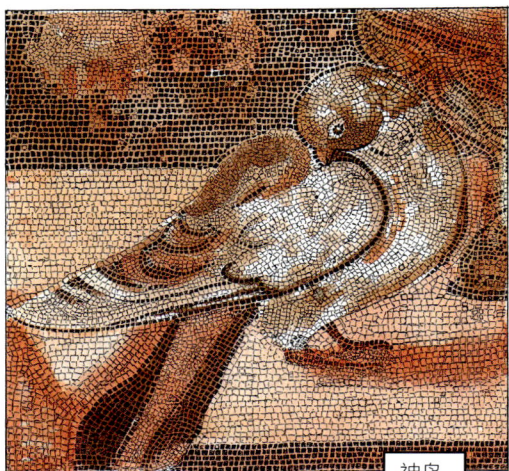

神鸟

农牧神之家镶嵌画，表现猫在搁板上捉山鹑的家庭生活图景

农牧神之家镶嵌画，海洋景象

斗鸡装饰画，象征胜利

尼罗河河岸的动植物

农牧神之家镶嵌画，展示亚里士多德学说中的海底生物链，显示出了庞贝镶嵌画画家敏锐的观察力和高超的技巧

服饰与人物

1：阿喀琉斯。特洛伊战争中最著名的希腊英雄。荷马在《伊利亚特》中对其进行了描写，在罗马人心中，他是勇敢的象征。

2：喀戎。半人马的形象，他帮助阿喀琉斯加强了对力量的信仰和战斗魄力。他还是众多神话英雄的导师，例如亚斯克雷比奥斯和伊阿宋。

3：罗马化的伊西斯。埃及神话中掌管医药、婚姻、小麦种植的女神。罗马人非常崇拜她，对她的信仰也迅速传遍整个帝国。

4：巴克斯（对应希腊神话中的狄俄尼索斯）。罗马酒神，为富产葡萄的庞贝所崇拜。

5：欧玛齐娅。掌管欧玛齐娅楼的女祭司。欧玛齐娅楼是庞贝纺织业的集散地，人们在这里储存和买卖纺织品。

6：西勒努斯。弗里吉亚神话中林神，巴克斯乳母的养父。

7：农牧神。乡间的神明，根据农牧神潘的形象创造，他对抗狼群，是农业和畜牧业的保护者。在庞贝的一间住宅中，我们发现了著名的农牧神雕像，并用它命名了这座全市最富丽堂皇的宅邸之一的建筑。

8—10：盛装的贵族男女。

11：奴隶。

12：女贵族。

13—15：职业捕猎者。捕捉非洲的猛兽提供给马戏团。他们的儿子从小就要学习如何捕猎。

16：农村的葡萄种植工。

17—25：纺织工人、洗衣工人、洗染工。该行业的从业者在庞贝人口中占据很大比重。人们把弄脏的衣服和纺织品统一放到街角的大罐子里，随后放到装有水和尿的盆中用脚踩（21、23、25）。洗好的纺织品被放到一个半球形的木质架子上晾干（20）。与此同时，工人们在架子下面放一桶硫黄作为漂白剂（熏硫）。随后，工人挂起衣服用梳子梳理（18），并用一种压力机将它们"熨平"（图中没有体现）。

26：笛子演奏者、舞者。在音乐堂演出。

27—31：喜剧演员和喜剧学徒。携带面具来到大剧院。

32、33：街头音乐家，以乞讨为生。

34：欧普罗马修斯。最著名的角斗士之一。

35：装扮成卡戎（冥界渡神）的工作人员。如果一名角斗士因为受伤而无法继续战斗，他会用锤子敲碎其头颅，结束他的生命。

36：小号手。他的作用是在角斗双方中的一人受重伤时提醒裁判人员介入。

37：重装角斗士。

38：训练、出租、出卖角斗士的人。他们其中的某些人拥有自己的角斗士队伍，可以将手下的角斗士出租给想要举办角斗比赛的富人。

39：圆号手。他在角斗士猛烈攻击时吹响号角。

40：女管风琴演奏者。她属于一个"乐队"，当角斗士进行较量时演奏乐曲。

41—45：送酒工。一辆运货马车拉着一个巨大的羊皮袋，当酒被从羊皮袋倒入双耳尖底瓮中时，两名奴隶立刻抬起瓮，将酒运到市民家中。

46：半人马和酒神节女祭司。由于对狄俄尼索斯的崇拜（在坎帕尼亚地区相当普遍），他们头戴橄榄枝，为神明演奏乐曲（里拉琴、铙钹）。

47：墨丘利（对应希腊神话中的赫尔墨斯）。朱庇特之子，他是商业、游客和小偷的保护神。他手持神杖，鞋上长了一双小翅膀，象征着他作为信使和灵魂领袖的地位。

48：赫丘利（对应希腊神话中的赫拉克勒斯）。他是朱庇特的半神后代中最为强大的一个。因立下12件大功而闻名，他完成了一系列任务（图中所表现的是他与勒拿湖七头蛇的对决）。我们主要通过他的狼牙棒和披在头上的涅墨亚狮子皮认出了他。

49：乞讨的哲学家。在以第欧根尼为代表的犬儒学派看来，贫穷是一种美德，因为贫穷可以让人们更快地做到灵魂的超脱，而超脱代表着一种幸福。当然，庞贝中确实有几个真正的乞丐靠人们的施舍为生（盲人、残疾人），但在62年地震之后，庞贝要进行震后重建，这为大家创造了足够多的工作岗位，穷苦人也越来越少了。

50：葡萄种植工。坎帕尼亚是个农业天堂，庞贝周边地区广泛种植葡萄，乃至把维苏威火山都盖上一层葡萄藤。葡萄从种到收的每个过程都需要工人的格外细心和勤劳。庞贝地区所生产的葡萄酒种类繁多，有更注重风味的开胃酒，也有药用酒。

51：木工。庞贝是一座商业和工业都十分发达的城市。在过去城市重建的时代，大街上到处都是不同行业的人——建筑师、泥瓦工、陶瓷技工和铁匠等——大展身手的工地，而木工在房屋建造中非常重要。图中这名木工在老板的监督下，正在用锤子和一把刻刀为一块木头开槽。

52：外科医生和受伤的士兵。外科是罗马医药体系中的特点之一，根据医生的学习和经验，外科疗法被证实有效。庞贝出土了很多外科器具（针、窥镜、解剖刀、

镊子、钳子和导尿管），这些器具在使用之前，需要煮一下，伤口也要用醋冲洗消毒。当时人们并不觉得外科医生是科学人员，反而认为他们只是手艺人。因此，他们的社会地位通常是在役或被释放的奴隶。他们可能专门为一家人诊治，也可能被其他人"租"走。

53：伊西斯男女祭司。伊西斯是庞贝的官方信仰之一，吸引了很多上层人信奉（例如朱利亚·费利克斯）。男祭司身着白色亚麻服装、棕榈叶的鞋子。此外，男祭司们还有一些属于自己的鲜明特点，如在额头上缠绕蛇形的发带。图中从左到右：一名男祭司挥洒瓶中洁净的水；第二位祭司正在晃动着一种形似球拍的打击乐器；最右侧的女祭司则拿着一个曲口酒樽。

54：预言者。罗马宗教生活的关键人物，他们通过飞鸟或天象（闪电、流星）预测未来，然后根据伊特鲁里亚人遗留下来的方式去阐述观测结果。庞贝大部分重要的公共决定都会参考预言者的意见（选举提名、战争、房屋选址等）。

55：普通妇女、女巫和奴隶。在得到解放后，普通妇女开始积极参与罗马帝国的城市生活。她们经常去公民广场、市场，接管了从事商业或手工业的男性家属的店铺，成为小饭馆等场所的女老板。然而，她们受教育的程度不如贵族女性，容易轻信他人，进而经常成为江湖骗子和女巫的首选目标，后者会炮制出所谓的爱情药水，就像图中这样。

56：葬礼。在古罗马时期，将死者放到柴堆上火化要比土葬更流行，后者通常是奴隶和穷人的选择。葬礼上先要向大家展示遗体，如果死者的家庭很富有的话，就会请哭丧妇和乐师跟随送灵队列；随后，人们会放一篇颂扬死者的诔文和一些祭品在柴堆上；所有程序结束后，死者的骨灰会被收集在骨灰瓮中，放置在回城的路上建好的墓地中。图中一队工匠缅怀他们的一位同伴，他们抬着一座小型神殿，里面的人物塑像还原了其生前的日常图景（锯木头、组装木器等）。

57：贵族妇女和仆人。拉丁语中Matrona代表"家庭中的母亲"；domina代表"房屋女主人"，庞贝富裕阶层的女性室内活动时间很长（罗马共和国晚期开始缩短）。使奴唤婢的贵族妇女非常重视外表，她们在保养、梳头和化妆上花费大量时间，她们经常梳一个圆形发髻，甚至会戴假发。虽然年轻女士打扮得更为简约、得体，但她们依然大量使用粉、胭脂和香膏，直到自己满意为止。

58：女巫师和旅行者。除了必须外出的士兵，罗马人整体上安土重迁，充其量不过是搬到庞贝或赫库兰尼姆这样的宜居之地。通过他的短袍（更加实用）以及朝圣者手杖，我们能够辨别出他的身份：独身来到庞贝的外国游客。一名女巫头戴索利安式圆帽，坐在庞贝城的入口处。这名旅行者小心翼翼地向女巫讨要避免厄运的药剂。

59：贵族妇女教育儿子和仆人。虽然在罗马的贵族家庭中很流行雇用希腊的家庭教师管教后代，但母亲依然有教育子女和打理内务的责任。普通家庭的孩子通常会去人民广场柱廊下的一所公立学校上学，然而当时的罗马还没有义务教育，孩子们在农忙时节就无法保证学习进度。至于女孩子，她们的教育问题就被忽略了。

60：牧羊人。在古代，饲养家畜的活动充分地融入了人们的日常生活，如饲养牛、马、驴、家禽、猪。当时人们饲养牛主要是为了耕作和获取皮料，同时牛的粪便可以为葡萄种植提供优质肥料，因此，当时的草原和牧场都环绕着城市。此外，在宗教仪式上，人们经常会宰杀一头公牛或一头漂亮的契安尼娜牛（该品种的牛为白色）献给神明。

61：农民。庞贝地区土壤肥沃，光照充足，几乎适合所有作物生长。庞贝人在葡萄架中间或者橄榄树下种植庄稼、草料和果树。发达的农业对奴隶和短工的劳动强度提出了很高的要求，特别是在收割阶段。虽然酒类和油类产品是庞贝经济的基础，但坎帕尼亚地区的农业却并不单一化。因此，庞贝的卷心菜、洋葱和小麦都享有盛誉，连斯特拉波本人都对这些作物的品质称赞不已。

62：骑兵。罗马军团拥有330000名士兵，他们是职业军人（无论是否自愿），在10岁到40岁期间为国效力。罗马的骑兵部队最初500人为一队，到了前1世纪末变为1000人一队，每30～40人编为一个支队，由一名队长领导。罗马人不擅长骑马，他们的骑兵人员大多来自盟友，比如日耳曼人和凯尔特人。

63：音乐诗人。根据希腊传统，诗人的灵感来自缪斯女神，诗人是神界的传话者。他们的神话原型是俄耳甫斯，甚至连动物都被他动听的歌声、优美的辞藻所吸引。在希腊文化中，音乐和诗歌密不可分，但罗马人则喜欢分别欣赏它们，而且他们对戏剧的喜爱超过了一切的休闲文化活动。卢克莱修、维吉尔、卡图卢斯和贺拉斯是1世纪庞贝最受欢迎的诗人。此外，塞内卡创作的或抒情或激烈的戏剧，米南德的风俗喜剧、幕间滑稽短剧在当时也大获成功。

64：牧羊人。以庞贝为代表的坎帕尼亚地区奶制品业非常繁荣，这里有数量庞大的羊群。这些羊群有的被圈养在园中，有的则是在牧场上散养，由牧羊人和牧羊犬看守。羊毛纺织业除了让几个大家族致富，还保障了一大批手工业者的生计，为了使织物尽善尽美，纺织工、缩绒工等都是必不可少的。

庞贝景点

您可以在这篇介绍中找到所有必要信息。值得一提的是，此处景点在1997年被联合国教科文组织列入《世界遗产名录》。

实用信息

门票：普通单人票10欧元，带有其他景点的联票18欧元（减价条件请以实地标示为准，18岁以下、65岁以上人群免票）。

开放时间：11月至3月：08:30—17:00；4月至10月：08:30—19:30（景区关闭前一个半小时停止入园）。

更详细信息请查询意大利旅游局官方网站：http://www.italia.it。

您也可以联系那不勒斯旅游局：

地址：Via Santa Lucia,10780121,Napoli

电话：+39 812 457 475。

网址：http://www.inaples.it。

维苏威火山国家公园（Maxim Tupikov 供图）

长方形廊柱大厅（Perov Stanislav 供图）

赫库兰尼姆城奥古斯都神庙（kated 供图）

维苏威公园

游客可以徒步登上火山山顶。游客首先应将车停在停车场（停车费2.5欧元），随后走过一条500米长的小路即可登顶，您可在此放松片刻，享受那不勒斯湾的美景。随后，若您想进入火山口，您需要花费大约6欧元雇用一名导游。

实用信息

地址：Commune de San Sebastiano al V-esuvio Piazza Municipio,8,Naples。

电话：+39 081 771 7549。

那不勒斯国家考古博物馆

没有什么比这座那不勒斯市中心的博物馆更能完善您的行程了。您可以在此观赏一批希腊和罗马的藏品，其中核心藏品来自法尔内塞家族。当然，馆藏的庞贝雕塑、壁画和镶嵌画的数量也有一定规模。

实用信息

地址：Piazza Museo Nazionale, 1980135, Napoli。

电话：+39 081 292 823。

网址：http://www.museoarcheologiconazionale.it。

门票：3.25欧元到6.5欧元不等（18岁以下、65岁以上人群免票）。

开放时间：09:00—19:30。

禁止在博物馆正对面停车，因此不建议驾车前往。

（注意：以上信息可能产生变化，以游览时为准）

那不勒斯国家考古博物馆收藏的镶嵌画（Alfio Ferlito 供图）

逃离庞贝

图书在版编目（CIP）数据

庞贝 / （法）雅克·马丁著 ；尹明明，王鸣凤译. —
北京 ：北京出版社，2024.5
（时光传奇）
ISBN 978-7-200-17295-9

Ⅰ．①庞… Ⅱ．①雅… ②尹… ③王… Ⅲ．①古城遗
址（考古）－意大利－历史－青少年读物 Ⅳ.
①K885.468-49

中国版本图书馆CIP数据核字（2022）第115828号
北京市版权局著作权合同登记号：01-2022-2354

责任编辑：王冠中　米　琳
责任印制：刘文豪

时光传奇
庞贝
PANGBEI
［法］雅克·马丁　著
尹明明　王鸣凤　译

出　　　版　北京出版集团
　　　　　　北京出版社
地　　　址　北京北三环中路6号
邮　　　编　100120
网　　　址　www.bph.com.cn
总 发 行　北京出版集团
发　　　行　京版若晴科创文化发展（北京）有限公司
经　　　销　新华书店
印　　　刷　北京雅昌艺术印刷有限公司
版　　　次　2024年5月第1版
印　　　次　2024年5月第1次印刷
成品尺寸　235毫米×305毫米
印　　　张　8
字　　　数　105千字
书　　　号　ISBN 978-7-200-17295-9
审 图 号　GS（2022）3168号
定　　　价　78.00元
印　　　数　1—10 000
如有印装质量问题，由本社负责调换
质量监督电话　010-58572393
责任编辑电话　010-58572473